中国社会科学院国情调研特大项目“精准扶贫精准脱贫百村调研”

精准扶贫精准脱贫百村调研丛书
CASE STUDIES OF TARGETED POVERTY REDUCTION AND ALLEVIATION IN 100 VILLAGES
李培林／主编

精准扶贫精准脱贫
百村调研·双进村卷

湘西土家族“一村一品”走上富裕之路

王　桥／著

社会科学文献出版社
SOCIAL SCIENCES ACADEMIC PRESS (CHINA)

“精准扶贫精准脱贫百村调研丛书”
编 委 会

中国社会科学院国情调研特大项目
“精准扶贫精准脱贫百村调研”
项目协调办公室

主　任：王子豪

成　员：檀学文　刁鹏飞　闫　珺　田　甜　曲海燕

总　序

调查研究是党的优良传统和作风。在党中央领导下，中国社会科学院一贯秉持理论联系实际的学风，并具有开展国情调研的深厚传统。1988年，中国社会科学院与全国社会科学界一起开展了百县市经济社会调查，并被列为“七五”和“八五”国家哲学社会科学重点课题，出版了《中国国情丛书——百县市经济社会调查》。1998年，国情调研视野从中观走向微观，由国家社科基金批准百村经济社会调查“九五”重点项目，出版了《中国国情丛书——百村经济社会调查》。2006年，中国社会科学院全面启动国情调研工作，先后组织实施了1000余项国情调研项目，与地方合作设立院级国情调研基地12个、所级国情调研基地59个。国情调研很好地践行了理论联系实际、实践是检验真理的唯一标准的马克思主义认识论和学风，为发挥中国社会科学院思想库和智囊团作用做出了重要贡献。

党的十八大以来，在全面建成小康社会目标指引下，中央提出了到2020年实现我国现行标准下农村贫困人口脱贫、贫困县全部“摘帽”、解决区域性整体贫困的脱贫攻坚目标。中国的减贫成就举世瞩目，如此宏大的脱贫目标世所罕见。到2020年实现全面精准脱贫是党的十九大提出的三大攻坚战之一，是重大的社会目标和政治任务，中国的贫困地区在此期间也将发生翻天覆地的变化，而变化的过程注定不会一帆风顺或云淡风轻。记录这个伟大的过程，总结解决这个世界性难题的经验，为完成这个攻坚战献计献策，是社会科学工作者应有的责任担当。

2016年，中国社会科学院根据中央做出的“打赢脱贫攻坚战”战略部署，决定设立“精准扶贫精准脱贫百村调研”国情调研特大项目，集中优势人力、物力，以精准扶贫为主题，集中两年时间，开展贫困村百村调研。“精准扶贫精准脱贫百村调研”是中国社会科学院国情调研重大工程，有统一的样本村选择标准和广泛的地域分布，有明确的调研目标和统一的调研进度安排。调研的104个样本村，西部、中部和东部地区的比例分别为57%、27%和16%，对民族地区、边境地区、片区、深度贫困地区都有专门的考虑，有望对全国贫困村有基本的代表性，对当前中国农村贫困状况和减贫、发展状况有一个横断面式的全景展示。

在以习近平同志为核心的党中央坚强领导下，党的十八大以来的中国特色社会主义实践引导中国进入中国特色社会主义新时代，我国经济社会格局正在发生深刻变化，脱贫攻坚行动顺利推进，每年实现贫困人口脱贫1000多万人，贫困人口从2012年的9899万人减少到2017年的3046万人，在较短时间内实现了贫困村面貌的巨大改观。中国社会科学院组建了一百支调研团队，动员了不少于500名科研人员的调研队伍，付出了不少于3000个工作日，用脚步、笔尖和镜头记录了百余个贫困村在近年来发生的巨大变化。

根据规划，每个贫困村子课题组不仅要为总课题组提供数据，还要撰写和出版村庄调研报告，这就是呈现在读者面前的“精准扶贫精准脱贫百村调研丛书”。为了达到了解国情的基本目的，总课题组拟定了调研提纲和问卷，要求各村调研都要执行基本的“规定动作”和因村而异的“自选动作”，了解和写出每个村的特色，写出脱贫路上的风采以及荆棘！对每部报告我们都组织了专家评审，由作者根据修改意见进行修改，直到达到出版要求。我们希望，这套丛书的出版能为脱贫攻坚大业写下浓重的一笔。

中共十九大的胜利召开，确立习近平新时代中国特色社会主义思想作为各项工作的指导思想，宣告中国特色社会主义进入新时代，中央做出了社会主要矛盾转化的重大判断。从现在起到2020年，既是全面建成小康社会的决胜期，也是迈向第二个百年奋斗目标的历史交会期。在此期间，国家强调坚决打好防范化解重大风险、精准脱贫、污染防治三大攻坚战。2018年春节前夕，习近平总书记到深度贫困的四川凉山地区考察，就打好精准脱贫攻坚战提出八条要求，并通过脱贫攻坚三年行动计划加以推进。与此同时，为应对我国乡村发展不平衡不充分尤其突出的问题，国家适时启动了乡村振兴战略，要求到2020年乡村振兴取得重要进展，做好实施乡村振兴战略与打好精准脱贫攻坚战的有机衔接。通过调研，我们也发现，很多地方已经在实际工作中将脱贫攻坚与美丽乡村建设、城乡发展一体化结合在一起开展。可以预见，贫困地区的脱贫攻坚将不再只局限于贫困户脱贫，我们有充分的信心从贫困村发展看到乡村振兴的曙光和未来。

是为序！

全国人民代表大会社会建设委员会副主任委员

中国社会科学院副院长、学部委员

2018 年 10 月

前 言

本研究是中国社会科学院国情调研特大项目“精准扶贫精准脱贫百村调研”项目子课题“湘西少数民族地区精准扶贫机制与脱贫对策研究——基于湘西土家族苗族自治州龙山县双进村调查”。

双进村位于湖南省湘西土家族苗族自治州龙山县召市镇中部山区，总面积为9平方公里。全村5个自然寨，13个村民小组；耕地面积1043亩，山林面积1300亩；全村664户22420人，劳动力1230人；全村党员25名；五保户2户2人，低保户21户24人，建档立卡户63户256人。

调研结合龙山县双进村扶贫工作现状，对住在双进村村民的生活以及经济等状况进行了自下而上的访谈和问卷式调查。本研究依据在双进村的入户个人问卷调查、个别访谈、村级干部座谈、村民座谈等内容完成。调查采用抽样方法，入户80多户，取得60份有效问卷作为样本。这些随机样本构成了描述双进村经济社会状况、扶贫攻坚成效的数据，在统计学意义上具有一定的代表性。

本调研报告共五章。第一章绪论，介绍了研究背景及意义、国内外研究综述、本研究的调研方法。第二章相关概念界定与研究理论基础，对于精准扶贫概念进行了界定，梳理了扶贫模式、扶贫机制、农村低保制度、扶贫低保“两线合一、减量提标”等概念。概述了党的十八大以来出台的一系列重大政策及全党全社会精准扶贫精准脱贫创新工作。第三章湖南省及湘西民族地区扶贫模式，介绍了湖南省扶贫脱贫模式创新、湘西土家族苗族自治州扶贫脱贫实践与成效、龙山县扶贫脱贫攻坚战。第四章双进村精准扶贫精准脱贫进程，根据入户问卷调查数据，对人口基本状况、家庭情况、健康情况、外出务工情况、居住状况、家庭总收入及主要经济来源、医疗保障情况、养老保险情况等进行了分析。总结双进村精准扶贫精准脱贫实践亮点，提出双进村冲刺攻坚脱贫的对策思考。第五章后精准脱贫时期的展望，针对进入脱贫攻坚后期如何巩固脱贫成果，提出青山绿水生态农业旅游、农产品“谋新”与创新、开展“一村一品”的启示与建议。探索湘西龙山县发展原生态文化旅游，“一核”（以里耶古城历史元素为核心）、“两河”（原生态民族文化的传承）、“三山一洞一林”（龙山自然景观生态游）的“神秘湘西生态旅游+文旅”巩固脱贫成果之路径。

目 录

第一章

绪论

第一节 研究背景及意义

近年来我国的扶贫事业取得了较大进展。1978 年我国启动扶贫工作，到 2014 年，贫困人口由最早的 2.5 亿人减少到 7017 万人，贫困发生率则从 30.7% 降为 7.2%。①

中国扶贫工作的提出。20 世纪 70 年代末中国即开始扶贫开发工作，80 年代中期对扶贫开发政策进行了大规模调整，从上到下成立了专门扶贫机构，并确定了扶贫方针，划分了贫困县的标准，划定了 273 个国家级贫困县。1994 年，中国启动“国家八七扶贫攻坚计划”，国家级贫

① 王小林:《贫困概念的演进》,《中国国际扶贫中心研究报告》2012 年第 6 期。

困县增至592个。

扶贫工作的重点在农村。根据国家统计局全国农村贫困监测调查[①]，按现行国家农村贫困标准测算，2018年末，全国农村贫困人口为1660万人，比上年末减少1386万人；贫困发生率1.7%，比上年下降1.4个百分点。

分三大区域看，2018年东、中、西部地区农村贫困人口全面减少：东部地区农村贫困人口为147万人，比上年减少153万人；中部地区农村贫困人口为597万人，比上年减少515万人；西部地区农村贫困人口为916万人，比上年减少718万人。

分省份看，2018年各省区市农村贫困发生率普遍下降至6%以下，其中，农村贫困发生率降至3%及以下的省区市有23个，包括北京、天津、河北、内蒙古、辽宁、吉林、黑龙江、上海、江苏、浙江、安徽、福建、江西、山东、河南、湖北、湖南、广东、海南、重庆、四川、青海、宁夏。

虽然脱贫攻坚取得了预期的效果，但还有很多工作要做。经过多年的快速减贫工作，剩余贫困人口的脱贫难度越来越大。特别是贫困残疾人的脱贫攻坚，仍面临着人口数量多、贫困程度深、致贫原因复杂、脱贫难度大等突出困难和问题。最新数据显示，我国农村持证贫困残疾人仍有413.5万人，占建档立卡贫困人口总数的8%左右。贫困残疾人脱贫攻坚，任务艰巨，形势严峻，是打赢脱

① 国家统计局：《2018年全国农村贫困人口减少1386万人》，光明网，2019年2月15日。

贫攻坚战的重点和难点所在。确保到2020年贫困残疾人如期脱贫，事关广大贫困残疾人的切身利益，事关国家脱贫攻坚战的最后胜利，事关全面建成小康社会目标的实现。[①]

一 研究背景

近年来，国际社会在消除绝对贫困人口方面取得了一系列可喜的进展，出现了孟加拉国金融扶贫、巴西社会保障、马来西亚财政扶贫等国际扶贫开发的典型，国际贫困标准也随着全球经济、社会的发展而不断提高。2015年，全球有关减贫主题的会议在中国召开，作为全球减贫绩效贡献最大的国家，中国致力于反贫困事业并取得了巨大成就，获得了与会各国代表的肯定。同时，与会代表就全球反贫困战略合作达成了一致，进一步深化全球在反贫困方面的合作，推动新一轮全球减贫事业的发展。

我国自1978年出台一系列扶贫政策以来，扶贫工作取得了举世瞩目的成效。经过近40年的扶贫，2018年我国基本消除绝对贫困，到2020年实现全国同步小康的宏伟目标。党的十八大首次提出到2020年全面建成小康社会的宏伟目标，"十三五"期间，同步小康的建设和实现是一项重大历史任务。习近平总书记在调研各地精准扶贫工作中多次提到"小康不小康，关键看老乡"，庞大的贫

① 中国残联等26部门和单位联合印发《贫困残疾人脱贫攻坚行动计划（2016~2020年）》，2017。

困人口成为横亘在湘西北山区与全国、全省实现同步小康建设目标道路上的一大阻力，同步小康的实现离不开贫困人口的脱贫，为实现 2018 年基本消除绝对贫困，到 2020 年实现全国同步小康的宏伟目标和美丽中国梦，湘西龙山民族地区精准扶贫机制的构建至关重要。

近年来我国在精准扶贫实践中出现了一些问题，如扶贫工作人员短缺、信息管理成本高、农户参与度低、脱贫不脱帽、贫困识别缺乏创新等，导致扶贫资源浪费、扶贫瞄准效率低、扶贫成效不显著。农村精准扶贫是在总结过去扶贫经验的基础上，结合当前贫困现状制定的扶贫政策，对贫困农户进行准确的识别，并根据农户实际情况制定精确的帮扶措施，然后对整个扶贫过程进行精准监督管理的一种新的扶贫模式，精准扶贫实际上是一个动态的管理过程。针对贫困人口提出的精准扶贫，其目的是帮扶真正的贫困区域、贫困人群，针对贫困户的不同贫困程度、贫困原因及贫困需求，制定有针对性的扶贫帮扶措施。然而，精准扶贫在实际操作过程中也面临很多新问题，如精准识别信息量大、成本高，识别效率低；农户自我发展的动力及能力弱，导致扶贫效率低；精准帮扶中农户参与程度低，导致偏离扶贫目标；缺乏有效的激励约束机制和保障机制，导致贫困扶贫对象脱贫却不愿意脱帽，造成国家资源无法得到有效利用。因此，对精准扶贫实践中出现的问题进行研究尤为重要，具有理论与现实意义。

本课题以湖南省湘西土家族苗族自治州龙山县召市镇

双进村为案例，进行考察和分析；在此基础上，对我国农村精准扶贫实践进行系统的研究与思考。课题研究力求发现我国现行精准扶贫中存在的问题及产生的原因，进而提出相应的政策建议。

二　研究意义

本研究拟对精准扶贫精准脱贫战略的实施进行中期评估和进展评价，为实现脱贫目标提供依据。通过走村入户访谈和问卷调查等一手数据，描述双进村的发展历史和经济发展现状，厘清扶贫脱贫的过程、机制、面临的难点等。以召开座谈会等方式，进行扶贫脱贫的实施评议及摸底调查。深入农村稻田、土地、山林调研，探索适合发展该村经济的新路子，论证原生态特色养殖、特色种植从效益上和政策扶持上是否符合该村“靠山吃山”的发展之路。把握开展调研的机会，摸清贫困村的造血功能、生存能力、可持续发展能力。充分利用山区生态优势，发展生态种养产业，探索让老百姓得实惠、山区村民脱贫致富奔小康的路径，确保脱贫攻坚取得实实在在的成效。

目前，国内外有关扶贫和扶贫机制的研究成果颇丰，呈现百花齐放的格局，但在精准扶贫机制与脱贫对策的理论研究方面，学术研究成果相对较少。湘西龙山民族地区是典型的多民族聚居区域，少数民族人口占比大，也是我国社会经济发展较为落后的艰苦边远地区，研究这一地区的精准扶贫机制与脱贫对策，有助于进一步深化我国贫困山区扶贫相关研究内涵，进一步丰富边远山区、少数民族地区扶贫机制研究成果。本课题研究期望通过对龙山县双进村精准扶贫机制的研究和探讨，总结出一些贫困山区精准扶贫机制构建与精准脱贫对策建议，为今后的研究提供有益的借鉴。

第一，推动边远山区脱贫攻坚。我国虽然在扶贫开发道路上取得了可喜的成绩，但仍有7000多万贫困人口。湖南省作为全国贫困人口较多的省份，国家级贫困村在湘西龙山地区为数不少，脱贫攻坚任重道远。对这一边远山区精准扶贫机制进行研究，探讨湘西民族地区扶贫实践的成效、存在的不足及最终的精准扶贫机制构建，提出对策建议，对推动龙山地区精准扶贫和实现精准脱贫有积极的现实意义。

第二，促进区域各民族共同发展，实现民族团结。湘西龙山是典型的老、少、边、穷地区，经济发展较为落后，人口增长过快，少数民族占比大。实现扶贫机制的改进和完善，将会积极推动扶贫实践，提高贫困人口收入水平，促进各民族积极投身参与扶贫建设，创造财富，实现各民族共同繁荣。

第三，推动同步小康和美丽乡村建设。由于龙山地区为山区地貌，自然灾害多发，生产生活条件落后，地区精准扶贫工作面临很多体制机制束缚。通过对该民族地区扶贫实践的研究，可以实现精准扶贫机制的健全和完善，将更多人口纳入贫困治理的范围，多渠道帮扶，多维度整合，实现贫困户致富奔小康，助推同步小康和美丽乡村建设。

第二节　国内外研究综述

2013 年 11 月习近平总书记明确提出“精准扶贫”的重要指示以来，国内外理论界先后进行了一些探讨和研究。无论是国内研究还是国外研究，都还存在一个比较明显的缺憾。国外精准扶贫研究的关注点在贫困问题的内涵和根源、扶贫脱贫的模式和对策方面；国内精准扶贫研究的关注点在精准扶贫的内涵、现状和路径方面。国内外对于精准扶贫的研究都缺少了对短板问题的精准探索，不利于精准扶贫中相关问题的解决。

一　国外关于贫困问题的研究

国外学者针对贫困问题、贫困与社会保障、扶贫脱贫模式等进行了较多的研究，主要有以下几个方面。

（一）贫困问题的内涵

首先提出贫困概念定义的是英国经济学家朗特里（Seebohm Rowntree）[①]，他在对英国工人家庭贫困问题进行调查的基础上出版了《贫困：城镇生活研究》一书，朗特里将贫困定义为：“家庭总收入不足以支付仅仅维持家庭成员生理正常功能所需的最低量生活必需品开支。”根

① 引自郭熙保：《论贫困概念的内涵》，《山东社会科学》2005 年第 12 期。

据最低量生活必需品的数量及其价格，从而得出了划分贫困家庭的收入标准，即贫困线（povertyline）。这是关于收入贫困和贫困线的经典研究，朗特里方法一直被沿用至今。

西蒙·史密斯·库兹涅茨，于1955年提出收入分配状况随经济发展过程而变化的曲线，是发展经济学中重要的概念，又称作"库兹涅茨曲线"。曲线研究表明在经济发展过程开始的时候，尤其是在国民人均收入从最低上升到中等水平时，收入分配状况先趋于恶化，继而随着经济发展，逐步改善，最后达到比较公平的收入分配状况，呈颠倒过来的U的形状。也就是说他认为贫困问题的根源在于经济发展水平，贫富差距随着经济发展而自然消除，贫困问题会随着经济发展水平提高而得到解决。①

世界银行对贫困的定义进行了补充。在1990年的报告中，世界银行把贫困定义为"消费不足、低水平教育和低健康水平"，并把推行劳动密集型增长模式、广泛提供社会服务、促进对穷人的人力资本投资作为减贫的主要手段。在《2000年世界银行发展报告》中指出"贫困不只是指物质匮乏，同时还包括低水平的教育卫生、面对困难时的脆弱性及需求表达困难和缺乏影响力"。②

① Simon Smith Kuznets. Kuznets,curve，America,1955.

② 引自郭熙保、李永坤：《基于第三方评估的精准扶贫跨越发展研究——以三明国家扶贫改革试验区为例》，《佳木斯大学社会科学学报》2018年第36卷第1期。

（二）扶贫脱贫的模式

Peter 的《少数民族发展》[①] 一文，通过对东亚、东南亚少数民族民族贫困问题的研究，认为要使全球 3 亿少数民族人口摆脱贫困，必须实现以少数民族文化为基础的社区谋生发展计划。强调了少数民族贫困瞄准机制问题，政府应该加大少数民族信息完备性建设，在民生福祉、社会保障、参与开发、乡村企业建设、文化自觉方面对少数民族人口进行倾力帮助。

"一村一品"模式加速日本农业产业化发展，推动日本在短期内成功地实现农业产业化。1979 年，日本大分县前知事平松守彦倡导发起"一村一品"运动——农业产业化模式。指出"一村一品"运动的实施需要依靠农民合作机构，对本地有特色的优势产品进行培养、加工、包装，使产品的利润发挥到最大。同时提出开展"一村一品"模式的三个原则：必须发展本地特色，着眼全球市场。即一定要发展有文化特色的产品，将其推向全国，走向世界；必须立足自身，不断进行创新。即必须由当地人民决定选择和发展的项目及产品，不断进行产品和技术创新，使自己的产品具有较强竞争力；重视优秀人才的培养。[②]

Harold Goodwin 提出旅游发展与消除贫困之间的关

① Peter Chaudhry, *Ethnic Minority Development: in China and ASEAN countries*, 第六届中国－东盟社会发展与减贫论坛，2012 年 9 月 26~27 日。

② 王欲鸣：《"一村一品"：日本农业产业化的成功模式》，《农民日报》2006 年 1 月 4 日。

联[①]，概述了PPT在旅游业和消除贫困中的演变过程，指出PPT在早期的英国政府部门的国际发展部和环境、运输和地区的要求编制中就有体现。Marx,Saskia指出[②]，减少贫困和环境问题是旅游业发展的心脏，旅游业应高度重视规划和发展进程中当地社区的参与。同时，旅游业作为扶贫工具得到认可，以社区为基础的旅游扶贫模式已经在许多发展中国家得到实施。

（三）扶贫脱贫对策

莱宾斯坦认为[③]，发展中国家要打破收入低与贫困之间的恶性循环，就必须保证足够高的资本投资率，促进国民经济的快速发展，使国民收入的增长速度超过人口的增长速度，从而使人均收入水平得到明显提高。

缪尔达尔认为[④]，通过权力关系、土地关系、教育等方面的改革，实现收入平等，增加穷人的消费，以提高投资引诱，同时他还主张采取“地区不平衡发展”战略，即通过发达地区的优先发展，形成“扩散效应”来带动临近地区的发展。

世界银行专家Kevin和Christine在*Enhanced Market Practices: Poverty Alleviation for Poor Producers in Developing Countries*中根据世界银行和美国2010年的研究数据，发现

---

① 引自刘进:《国外旅游扶贫综述》,《旅游纵览·行业版》2014年第10期。

② 引自刘进:《国外旅游扶贫综述》,《旅游纵览·行业版》2014年第10期。

③ 引自扬灵团队:《国内外精准扶贫研究的关注点述评》,《现代商业》2017年第22期。

④ Karl Gunnar Myrda, *Cumulative Causation Model,* Sweden,1957.

全世界在新的 2 美元 / 人·天的国际贫困线标准之下的人口为 26 亿人，其中贫困劳动力人口 16 亿人，小农生产者占了 6.1 亿人，占世界总人口的 9%。他们引入了阿马蒂亚·森的权利贫困等理论，建议在减贫工作中鼓励市场机制的引入，让更多的小农生产者投身到市场中去实现自主减贫[①]。

二 国内相关研究

（一）贫困与反贫困的研究

陈辞在中国反贫困瞄准机制现状的基础上，探讨引入社会资本，强调社会资本在当代反贫困中的重要作用，构建相应的反贫困机制。社会资本存量影响贫困人口的生存质量，中国社会资本对贫困人口的影响程度要高于同等发展水平的其他国家。要真正解决中国的贫困问题，仅仅靠政府的支持是远远不够的，要将反贫困视角延伸到人与人的相互关系之中。提高贫困者的社会资本，将互助、他助与自助相结合，使其最终摆脱贫困。[②]姜锡明、张航燕对西部民族地区反贫困机制进行研究，阐述西部民族地区扶贫开发过程中存在的问题，提出要厘清脱贫成本、计量与补偿机制，健全扶贫资金披露机制。[③]

① Kevin McKague，*Christine Oliver*：*Enhanced Market Practices: Poverty Alleviation for Poor Producers in Developing Countries*，University of California, Berkeley, 2012, Vol. 55.

② 陈辞：《社会资本视角下的反贫困瞄准机制研究》，《理论月刊》2011 年第 9 期。

③ 姜锡明、张航燕：《西部民族地区反贫困机制存在的问题与对策》，《经济纵横》2007 年第 7 期。

（二）精准扶贫及其模式研究

对于“精准扶贫”一词具体内涵的表述，国内学者对其解读更多地是源于官方文件及自身在扶贫领域的研究经验。伍琴以公共投资的效率为视角，对公共投资扶贫作用机理进行分析，实证研究了赣南原中央苏区9个集中连片贫困县市，认为公共投资对基础设施建设、产业发展、社会事业进步等方面都有积极的作用，提出要建立公共投资扶贫考核体系，进一步优化公共投资结构①。陈忠言以整体治理理论为视角，探索了我国东西部合作背景下政府主导的多元整合扶贫模式。提出在整合过程中，政府都处于绝对主导地位，有利于发挥自身优势，促进多元化整合。②

汪三贵和郭子豪认为③，在过去很长一段时间，中国的扶贫是区域瞄准，没有识别到户，需要转变扶贫工作思路，扶助真正的贫困户。葛志军和邢成举认为④，中央把精准扶贫、精准脱贫作为基本方略，是对以往扶贫领域实施工作战略的发展与补充，但并非是完全替代。李鹍和叶兴建认为⑤，精准扶贫就是遵循科学有效的标准和程序，因时、因地对贫困区域、贫困村和贫困户进行精

---

① 伍琴：《公共投资对集中连片特困地区的扶贫机制研究》，《江西社会科学》2014年第9期。

② 陈忠言：《中国农村开发式扶贫机制解析——以沪滇合作为例》，《农业经济问题》，2015年第2期90页。

③ 汪三贵、郭子豪：《论中国的精准扶贫》，《贵州社会科学》2015年第5期。

④ 葛志军、邢成举：《精准扶贫：内涵、实践困境及其原因阐释——基于宁夏银川两个村庄的调查》，《贵州社会科学》2015年第5期。

⑤ 李鹍、叶兴建：《农村精准扶贫：理论基础与实践情势探析——兼论复合型扶贫治理体系的建构》，《福建行政学院学报》2015第2期.

确识别，按照当地的实际开展联动帮扶和分类管理，并引入动态的准入和退出机制开展精准考核的过程。王思铁认为[①]，精准扶贫是指针对不同贫困区域、不同贫困农户，对扶贫对象实施精确识别、精确帮扶、精确管理的治贫方式，一般来说精准扶贫对贫困居民而言就是谁贫困就扶持谁到户。

（三）精准扶贫现状的研究

朱云、吴春峰、黄斌琼通过入户问卷调查和对贫困农户访谈的方式，采集农户相关信息，研究致贫原因、在扶贫政策下的脱贫过程，分析农户对精准扶贫的满意度。通过定量与定性相结合的研究方式，研究当前精准扶贫的成效。[②]“对每个贫困村、贫困户建档立卡，建设全国扶贫信息网络系统”是我国政府明确提出的要求，是脱贫攻坚的创新举措。葛志军和邢成举对宁夏银川两个村庄的调查阐述了扶贫工作机制面临多方面的困境，如“帮扶政策缺乏差别和变通，扶贫工作遭遇上访困扰，加上扶贫资金不足，一定程度上影响驻村扶贫工作队效果”。[③]李鹍和叶兴建的研究认为精准扶贫存在实施困境，第一是纵向识别与横向识别的互相干扰；第二是政府管理与村民自治存在不协调因素；第三是政府主导与社会参与衔接有待完善；

① 王思铁：《浅谈精准扶贫》，http://blog.sina.com.cn/s/blog_599a3d490101k6od.html，2014年3月24日。

② 朱云、吴春锋、黄斌琼：《精准扶贫方式方法研究》，《老区建设》2014第15期。

③ 葛志军、邢成举：《精准扶贫：内涵、实践困境及其原因阐释——基于宁夏银川两个村庄的调查》，《贵州社会科学》2015年第5期。

第四是脱贫退出与返贫的矛盾；第五是“输血式”扶贫与“造血式”常态效应存在矛盾。[①] 邓维杰研究了目前精准扶贫的实际执行效果并不令人满意的情况，指出主要原因在于精准扶贫中出现了对贫困户的排斥现象，包括在精准识别环节对贫困人口规模的人为限定形成的规模排斥、集中连片扶贫开发对片区外贫困群体的区域排斥，以及自上而下在对贫困村和贫困户识别的过程中，对贫困群体的恶意排斥和过失排斥等。[②] 张翼研究了当前精准扶贫实践中存在的“对不同致贫原因的人口结构分析尚不精准，贫困户与非贫困户之间的识别还不精准，产业扶持与贫困人口之间还需要精准对接”等状况和问题。[③]

（四）精准扶贫机制的研究

黄承伟和覃志敏认为，当前精准扶贫实践中存在的问题要通过不断完善精准扶贫工作制度加以解决。阐述了“改革开放以来我国实现精准扶贫和大规模减贫所经历的扶贫治理体系变迁的过程”。提出扶贫资源与资金配置和使用没有专项的规章制度来约束，“社会组织等其他社会力量参与精准帮扶的制度供给不足等问题，需要通过不断完善工作制度加以解决”。[④] 许佳、刘岚丽和彭志强认为，

---

① 李鹍、叶兴建：《农村精准扶贫：理论基础与实践情势探析——兼论复合型扶贫治理体系的建构》，《福建行政学院学报》2015 第 2 期。

② 邓维杰：《精准扶贫的难点、对策与路径选择》，《农村经济》2014 年第 6 期。

③ 张翼：《当前中国精准扶贫工作存在的主要问题及改进措施》，《国际经济评论》2016 年第 6 期。

④ 黄承伟、覃志敏：《我国农村贫困治理体系演进与精准扶贫》，《开发研究》2015 年第 2 期。

精准扶贫路径可概括为四个精准，即扶贫职责界定、扶贫对象确定、定贫规程设制、扶贫之策实施。[①]汪三贵、张雁、杨龙、梁晓敏等通过对乌蒙山集中连片特困地区三省六个县的调研，发现我国目前的精准扶贫工作中，项目到户方式及瞄准机制不合理，项目到户率较低，经过研究认为，目前该地区精准扶贫项目到户率低的原因主要有：一是扶贫资金分配缺少灵活性；二是扶贫项目管理和审批程序复杂；三是扶贫工作相关部门协调不畅；四是贫困县获取项目难度大。他们还认为，由于扶贫难度大，政府扶贫部门力量有限，应该由政府购买社会服务，由社会部门组织项目到户实施，政府扶贫相关部门只负责做好相关考核工作[②]。

（五）福祉保障与扶贫对接的研究

左停、徐卫周认为，需要针对贫困人口的实际需求加大保障性扶贫的政策和制度供给。强化医疗、养老等核心保障制度，多样化政策保险保障扶贫，防范贫困人口人身意外、财产损失等风险，聚焦脆弱群体的权益保障。[③]

李彤云分析了农村社会保障发展对精准扶贫的作用，认为医疗保险制度是精准扶贫的基础保障，建立、健全农

---

① 许佳、刘岚丽、彭志强:《精准扶贫之路径思考》,《学理论》2015年第24期。

② 汪三贵、张雁、杨龙、梁晓敏:《连片特困地区扶贫项目到户研究—基于乌蒙山区三省六县的调研》,《中州学刊》2015年第3期。

③ 左停、徐卫州:《综合保障性扶贫:中国脱贫攻坚的新旨向与新探索》,《内蒙古社会科学》(汉文版)2019年第3期。

村社会医疗保障制度可有效缓解农民因病致贫问题，农村养老保险制度在一定程度上缓解了农村老年人养老问题。低保制度是精准扶贫的兜底保障，对于农村因病、残、年老失去劳动能力等失业且无法依靠自己能力脱贫的贫困农民，农村最低生活保障制度帮他们有效地解决了自身的基本温饱问题。①

第三节　调研方法

本次调研以湘西土家族苗族自治州龙山县召市镇双进村开展的精准扶贫工作为对象，采用座谈、访谈、问卷调查等方式，剖析了该村精准扶贫实践经验，评价了湘西地区精准扶贫成效，重点分析现行制度以及工作机制，并结合当地实际，提出该地区精准扶贫机制构建和完善方面的对策建议。

一　文献资料研究法

通过对国内学者的研究文献进行整理，为该项目研究做好理论准备，设计研究思路。

---

① 李彤云：《农村社会保障与精准扶贫的衔接分析》，《农家参谋》2020 年第 7 期。

二　实地调查法

通过对双进村、龙山县国家扶贫开发工作重点县精准扶贫工作的开展情况和精准扶贫机制的实地调查，获取该地区扶贫开发工作和反贫困实践的第一手资料。对精准扶贫建档立卡贫困户进行入户访谈，摸清精准扶贫机制中存在的问题和脱贫现状。

三　问卷分析法

通过对双进村以及相关精准扶贫参照数据的研究，分析双进村扶贫成效。采用随机抽样方法。本次调查共发放80份问卷，实际回收有效问卷60份。其中，建档立卡贫困户问卷30份，非贫困户30份。

第二章

相关概念界定与研究理论基础

自1978年改革开放，扶贫工作就成为我国的重要工作。改革开放40年，扶贫工作主要目标是解决农村贫困人口的温饱问题。毋庸置疑，中国在这方面取得了举世瞩目的伟大成绩。我国扶贫进程经历了以下四个阶段。[①]

第一阶段（1979~1985年），制度性变革推动扶贫的阶段。1978年，国家统计局以年收入100元（现在约为2500元）为界线，划定了贫困线，当时低于这一标准的贫困人口有2.5亿人，占全国总人口的1/4，同时也占全世界贫困人口总数的1/4。党的十一届三中全会后，家庭联产承包责任制逐渐推行，农村的生产力得以解放，没能解决

① 徐永光:《绝对贫困即将终结，但我们依然没有告别贫困》，南都观察“谁是绝对贫困终结后的穷人”2018夏季论坛，2018年7月18日，http://www.sohu.com/a/241947652_481285。

温饱问题的贫困人口从2.5亿人减少到1.25亿人，贫困发生率降为14.8%。

第二阶段（1986~1993年），政府主导的大规模开发式扶贫阶段。中国改革的重点也开始从农村转向城市。这一时期，世界银行制定的人均收入标准是1美元/天，按照这个标准，中国的贫困人口有2.1亿人，占全世界贫困人口的1/5。1986年，国务院贫困地区经济开发领导小组成立（1993年更名为“国务院扶贫开发领导小组”），决定在全国范围内有计划、有组织地开展大规模的扶贫开发工作，农村扶贫随之进入制度化时期。

第三阶段（1994~2000年），“国家八七扶贫攻坚”阶段。1994年，在全国农村基本解决温饱问题的基础上，国务院颁布实施《国家八七扶贫攻坚计划（1994~2000年）》，明确提出要集中人力、物力、财力，动员社会各界力量，力争用七年左右的时间，到2000年底基本解决农村贫困人口的温饱问题。在新的扶贫计划下，中国进一步从救济式扶贫向开发式扶贫转变，不同政府部门分别制订本部门的方案，在资金、技术、物资上也有所倾斜，出台了很多信贷、财税、经济开发优惠政策。

第四阶段（2001年至今），全面建设小康社会的扶贫开发阶段。这一阶段有以下几个显著特征：扶贫开发工作进一步深入，下沉到贫困村，将农村贫困人口中最低收入者作为扶持开发的对象；将贫困地区的农业与市场对接，使农业产业化，同时改善基础设施，开始注重扶贫工作的成果巩固。

2011年是一个重要的节点，贫困线标准大大提高，调整到2300元。颁布了《中国农村扶贫开发纲要（2011~2020年）》，表明我国扶贫开发已经从以解决温饱为主要任务转入巩固温饱成果、加快脱贫致富、改善生态环境、提高发展能力、缩小发展差距的新阶段。

第一节　精准扶贫概念界定

一　精准扶贫相关概念

（一）精准扶贫

“精准扶贫”是习近平总书记于2013年11月在湖南湘西考察时首次提出的，指出“扶贫要实事求是，因地制宜。要精准扶贫，切忌喊口号，也不要定好高骛远的目标”。精准扶贫是指针对不同贫困区域环境、不同贫困农户状况，运用科学有效程序对扶贫对象实施精确识别、精确帮扶、精确管理的治贫方式。习近平总书记在调研各地精准扶贫工作中多次提到“小康不小康，关键看老乡”。为实现2018年基本消除绝对贫困，到2020年实现全国同步小康的宏伟目标和美丽中国梦，精准扶贫机制的构建至关重要。精准扶贫政策是我国政府通过对贫困家庭和贫困人口的识别，确定贫困原因与贫困等级，并对其进行有针对性的帮扶，从根本上消除导致贫困的各种因素和障碍，进而完成2020年现有贫困人口全部脱贫的目标。

精准扶贫战略提出了“两不愁”“三保障”的扶贫目标，要求做到“六个精准”，即扶贫对象精准、项目安排精准、资金使用精准、措施到户精准、因村派人精准、脱贫成效精准；实现“五个一批”，即发展生产脱贫一批、易地搬迁脱贫一批、生态补偿脱贫一批、发展教育脱贫一批、社会保障兜底一批。要求通过教育扶贫、健康扶贫、金融扶贫、水利扶贫、交通扶贫、人居环境改善和危房改造、科技扶贫、中央企业百县万村扶贫、劳务协作扶贫、民营企业万企帮万村等十项扶贫政策，具体开展扶贫工作。

（二）贫困的界定

1. 贫困的界定

“贫困的复杂性与综合性，使其涉及了政治、经济、文化等各个领域，贫困问题也吸引了不同领域学者们的关注。”[①] 经济学家萨缪尔森指出：“贫困是一个难以捉摸的概念，不同的人对贫困一词有不同的理解。”[②] 最早研究贫困问题的英国学者朗特里（S.Rowntree）于1901年对英国约克市工人家庭的收支情况进行了调查，对收集的资料数据

① 徐晓军、胡倩：《反贫困的理论研究》，《中国经济时报》2013年2月22日。

② 中共中央党校经济学教研部：《中国扶贫开发调查》，中共中央党校出版社，2013。

进行分析处理后，他发现约克市10%的人口生活在生存难以为继的贫困处境。由此，他给“贫困”下了这样的定义：“家庭总收入无法满足支付仅仅维持家庭成员生理正常功能所需的最低生活保障开支。”①

美国学者奥珊斯基（Orshansky）在20世纪60年代将购买美国农业部食品计划包含的食物费用的3倍设定为贫困线标准，如果某一家庭低于由此计算出来具有相同特征家庭的贫困线，这个家庭就被认为是贫困家庭。②汤森认为：“所有居民中那些缺乏获得各种食物、参加社会活动和最起码的生活以及社交条件资源的个人、家庭、群体就是所谓贫困的。”③

世界银行在《1990年世界发展报告》中指出：“当某些人、某些家庭和某些群体没有足够的资源去获取他们那个社会公认的，一般都能享受到的饮食、生活条件、舒适和参加某些活动的机会，就是处于贫困状态。”④世界银行在《2000/2001年世界发展报告：与贫困作斗争》中提出广义福利贫困概念，认为福利被剥夺不仅指物质的匮乏，而且包括低水平的教育和健康；此外，还包括风险和面临风险时的脆弱性，以及不能表达自身的需求和缺乏参与社会的机会。⑤

① 引自杨国涛、周慧诺、李芸霞：《贫困概念的内涵、演进与发展述评》，《宁夏大学学报》（人文社会科学版）2012年第6期。

② 蔡荣鑫：《国外贫困理论发展述评》，《经济学家》2000年第2期。

③ 〔英〕汤森：《英国的贫困：关于家庭经济来源和生活标准的调查》，阿伦莱思和培根图书公司，1979。

④ 世界银行：《1990年世界发展报告》，中国财政经济出版社，1990。

⑤ 世界银行：《2000/2001年世界发展报告：与贫困作斗争》，中国财政经济出版社，2001。

国家统计局把“贫困”定义为：“个人或家庭依靠劳动所得和其他合法收入不能维持其基本的生存需求。”[①] 童星、林闽纲（2003）认为：“贫困分为绝对贫困和相对贫困，绝对贫困泛指温饱没有解决，简单再生产不能或难以维持，而相对贫困则是低于社会公认的基本生活水平，缺乏扩大再生产的能力或能力弱。”[②] 康晓光认为：“贫困是一种生存状态，在这种生存状况中，人由于不能合法地获得基本的物质生活条件和参与基本的社会活动的机会，以至于不能维持一个人生理和社会文化可以接受的生活水准。”[③] 王小林对贫困相关概念的演进进行了系统梳理，他认为贫困在经济学上表现为收入不足、消费不足、资产不足，需要进行收入支持、资产积累和输血。[④] 叶普万认为：“贫困是制度和非制度因素所共同造成的使个人或家庭不能获取正常的物质和精神生活需要的一种生存状态。”[⑤] 这个界定与传统贫困定义的区别在于，最大限度地考虑到了造成贫困的制度性因素，拓宽了过去只注重物质生活需求的满足，而对精神层次的需求相对忽视的狭隘思路。

2. 我国贫困标准

我国贫困标准的提出要追溯到20世纪80年代中期，国家统计局和国务院扶贫办联合制定颁布了我国第一个正式的贫困标准，以后每年的贫困标准都会根据当年的

① 国家统计局农村社会经济调查总队：《中国农村贫困标准研究》，《统计研究》1990年第6期。

② 童星、林闽纲：《我国农村贫困标准线研究》，《中国社会科学》1993年第3期。

③ 康晓光：《中国贫困与反贫困理论》，广西人民出版社，1995。

④ 王小林：《贫困概念的演进》，《中国国际扶贫中心研究报告》2012年第6期。

⑤ 叶普万：《贫困概念及其类型研究述评》，《经济学动态》2006年第7期。

物价指数和贫困测量方法进行适当调整。贫困标准关注的是人的基本生存问题，国家统计局认为这是一种绝对贫困标准，它包括食物贫困线和住房、交通、医疗卫生等非食物贫困线。我国政府把农村绝对贫困线标准定为每人每天的食品提供热量为2100千卡，食品支出占全部支出的60%。①

我国扶贫标准经历了三次调整。②（1）1978年扶贫标准。经历了两个时期，第一个时期为1978~1999年，称为农村贫困标准。第二个时期为2000~2007年，称为农村绝对贫困标准。（2）2008年扶贫标准。第一个时期为2000~2007年，称为农村低收入标准。第二个时期为2008~2010年，称为农村贫困标准。（3）2010年扶贫标准。现行农村贫困标准，2011年确定。

我国三次扶贫标准调整情况见表2-1。

表2-1　我国三次扶贫标准调整情况

三次扶贫标准调整	相关时期及实行标准名称
1978年扶贫标准	1978~1999年，称为农村贫困标准 2000~2007年，称为农村绝对贫困标准
2008年扶贫标准	2000~2007年，称为农村低收入标准 2008~2010年，称为农村贫困标准
2010年扶贫标准	现行农村贫困标准，2011年确定

资料来源：左停:《中国精准扶贫精准脱贫发展报告》，载郑功成主编《中国社会保障发展报告2018》，中国劳动社会保障出版社，2018。

① 国家统计局农村社会经济调查总队:《中国农村贫困监测报告2001》，中国统计出版社，2001。

② 左停:《中国精准扶贫精准脱贫发展报告》，载郑功成主编《中国社会保障发展报告2018》，中国劳动社会保障出版社，2018。

随着经济的不断发展，相对国际上将一地或一国人均收入的50%~60%作为贫困线标准，我国实行的低收入贫困线标准1274元已经不能真实反映贫困人口的贫困情况，因而重新制定了新贫困线标准2300元（2010年不变价），即农村（人均收入）贫困标准为2300元。这一新的国家扶贫标准，比2009年提高了92%，将更多低收入人口纳入扶贫范围。我国贫困标准及农村贫困人口规模变化情况见表2-2、图2-1。

表2-2　全国贫困标准及农村贫困人口规模（2012~2017年）

年份	贫困标准（元）	当年减贫人数（万人）	年底贫困人数（万人）	贫困发生率（%）
2012	2673	2339	9899	10.2
2013	2736	1650	8249	8.5
2014	2800	1232	7017	7.2
2015	2855	1442	5575	5.7
2016	2952	1240	4335	4.5
2017	2952	1289	3046	3.1

资料来源：根据《中国农村贫困监测报告（2017）》整理。

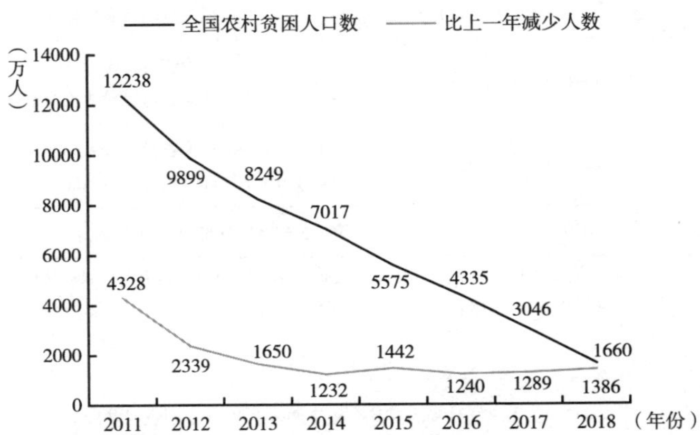

图2-1　2011~2018年全国农村贫困人口数下降情况

资料来源：根据国家统计局、国务院扶贫办网站公布数据整理。

根据世界银行当年的购买力平价系数，2005 年中国的 5.46 元人民币相当于美国的 1.33 美元。这样算来，中国的新贫困线标准要高于世界银行的标准。此外，中国的购买力平价系数是基于中国 11 座城市，而中国城市的物价远远高于农村，因此这两者的差距也要考虑在内。英国经济学家网站称，考虑到这个因素，中国的新贫困线标准应该相当于每天 1.83 美元，显然这高于世界银行的数字——当然，每天 1.83 美元的生活依然充满艰辛。学者唐钧指出，适度提高贫困标准是缩小贫富差距、完善社会保障体系的一个重要步骤。中国经济总量已跃升至世界第二，进入中等偏上收入国家行列，但居民收入在国内生产总值中占比不高，这次大幅提高国家扶贫标准对于推动改善民生意义重大。

2006 年的贫困标准为 958 元，2017 年调整贫困标准为 2952 元。新的贫困线标准制定后，针对贫困人口的再识别和建档立卡成为重要的扶贫工作。

（三）反贫困的界定

“反贫困”这一概念，作为描述人类同贫困做斗争的术语，最早由瑞典经济学家缪尔达尔提出，在其 1970 年出版的《世界反贫困大纲》中提出了“反贫困”（Anti-Poverty）这一概念，后来被广泛使用。[①]

目前，国际上对“反贫困”的概念主要有几种解读，最具代表性的是“3P”理论，即减少贫困（Poverty

① 易艳玲：《毕节试验区扶贫开发成效研究》，四川大学出版社，2011。

Reduction）、缓解贫困（Poverty Alleviation）和消除贫困（Poverty Eradication）。其中，减少贫困强调减少贫困发生因素，是一种过程性概念；缓解贫困则强调了减轻和缓和贫困的手段；消除贫困则强调了从根本上消灭贫困，强调反贫困的目的性。①

与上述“反贫困”的概念类似，在我国的学术研究中，往往把“反贫困”的概念表述为“扶贫”（Support Poverty），即帮扶贫困，强调从政策角度研究和落实政府或民间的反贫困计划和项目。

二　精准扶贫模式

2014年，国务院总理李克强在《政府工作报告》中明确提出：“要创新扶贫开发方式，地方要优化整合扶贫资源，实行精准扶贫，确保扶贫到村到户。”也就是要改变传统粗放“漫灌式”扶贫方式为精准“滴灌式”扶贫方式。一个形象的比喻就是“漫灌式”扶贫就像是农田灌溉一样，整块田地里都灌满了水。精准“滴灌式”扶贫开展差异式扶贫，需要什么、适合什么就扶持什么、发展什么，为贫困村摸清了发展方向，引导贫困户转变思路并帮助其寻找最为有效的脱贫方法和脱贫路径。从“输血”式扶贫到“造血”式扶贫，再到精准扶贫，概括地说就是“一村一策、一村一品”“一户一计、

① 朱霞梅：《反贫困的理论与实践研究——基于人的发展视角》，复旦大学博士学位论文，2010。

一户一业”的订单式、点菜式的针对性帮扶模式。

2016年7月20日，在东西部扶贫协作座谈会上，习近平总书记指出“扶贫开发到了攻克堡垒的最后阶段”，为2020年实现所有贫困地区和贫困人口共同迈入全面小康社会发出了动员令。扶贫不能依靠救济式扶贫，要彻底改变贫困人口的处境，需要处理好经济开发扶贫与社会救助政策扶贫的关系，明确最低生活保障是消除绝对贫困现象的“兜底性”制度安排。

（一）特色产业扶贫

鼓励贫困地区引入、培育特色优势产业，充分利用好贫困地区的自然禀赋，发展果蔬及中药材种植加工、畜禽养殖等产业，通过加大实施种养补贴力度，减轻贫困户的经济负担。

（二）绿色生态扶贫

生态脆弱的贫困地区探索生态脱贫新路子，用生态扶贫带动精准扶贫，从开发式扶贫转向保障式扶贫。

（三）资产收益扶贫

在不改变扶贫资金用途的情况下，财政专项扶贫资金和其他涉农资金投入设施农业、养殖、光伏、水电、休闲农业旅游等项目形成的资产，具备条件的可折股量化给贫困村和贫困户，尤其是丧失劳动能力的贫困户。

（四）教育扶贫

让贫困地区的孩子掌握知识、改变命运、造福家庭，是最有效、最直接的精准扶贫方式。普及水平全面提升，薄弱学校全部达标，困难学生获全程资助，均衡发展全数实现，职业教育全力助推，特殊群体全部覆盖，智力帮扶全线跟进，贫困地区教师全员培训。

（五）网上村庄

开创“休闲农业旅游＋农产品”的新模式。“网上村庄”通过策划特色民俗、农事体验等休闲农业旅游活动，引导城市游客到贫困地区消费。通过这种模式，把撂荒的土地利用起来，同时针对市场需求，生产出精品农产品，从而获取较高的回报。

当前扶贫要侧重帮助有“造血”功能的贫困人口提高发展能力，实现脱贫致富。需要多角度、多领域探讨扶贫模式，因地制宜扶贫，因人因地施策，因贫困原因施策，因贫困类型施策，发挥各地扶贫的“各村高招”。

三　精准扶贫机制

“机制”表示有机体内发生生理或病理变化时，各器官之间相互联系、作用和调节的方式，后来被引入经济学的研究，用“经济机制”一词来表示一定经济机体内各构成要素之间相互联系和作用的关系及其功能。机制理解为制度和体制，比如某工作机制。有学者认为精准扶贫是基于对以往扶贫工作的反思，其提出精准识别、帮扶、管理和考核的内涵是新时期中国扶贫工作的重要机制。① 结合相关资料，笔者在给精准扶贫机制下一个定义时，倾向于认为精准扶贫机制是指精准扶贫工作开展过程中的各项体制机制、政策法规、工作方法等之间的互动关系，包括其动力机制和运行机制等。

四 农村低保制度与扶贫开发制度

1999 年，《城市居民最低生活保障条例》经国务院第 21 次常务会议通过，建立了城市居民最低生活保障制度，由此拉开了中国社会救济制度改革的序幕。在城市低保制度取得重大突破后，2007 年 7 月《国务院关于在全国建立农村最低生活保障制度的通知》发布，由此我国农村低保制度开始全面实施。

农村最低生活保障和扶贫开发这两项政策，其目标都是最终实现贫困人口脱贫。② 农村最低生活保障覆盖所有低保人口分布地区，是一项长期的、制度化的社会政策，低保制度强调对象的最低需求保障，通过财政手段，直接将现金补助发给低保对象，低保对象还可以享受医疗、教育等其他社会救助项目；扶贫脱贫针对建档立卡户贫困人口，是在中央动员下全社会对贫困地区贫困人口的帮扶，扶贫开发政策目标是要在 2020 年减少贫困人口，完成建

① 葛志军、邢成举：《精准扶贫：内涵、实践困境及其原因阐释——基于宁夏银川两个村庄的调查》，《贵州社会科学》2015 年第 5 期。

② 左停、贺莉：《制度衔接与整合：农村最低生活保障与扶贫开发两项制度比较研究》，《公共行政评论》2017 年第 3 期。

档立卡贫困户全部脱贫出列。针对扶贫对象特点，开展不同的扶贫和就业项目，带动家庭脱贫。

扶贫开发是我国农村反贫困的基本经济政策，农村低保是我国农村反贫困的社会政策。

五　扶贫低保“两线合一、减量提标”

“两线合一、减量提标”是指在“十三五”期间，逐步把农村低保线提高到扶贫线标准，到2020年实现“两线合一”；在提高低保线的同时，逐步减少城乡低保人数，将无力脱贫、无业可扶的“两无”贫困人口全部纳入低保范围，确保困难群众的生活水平与全面小康社会相适应。具体来说，“两线合一”即经过一定时期，实现农村扶贫线和低保线执行一个标准。“减量提标”是指通过不断减少低保人数，使低保对象的补助标准逐年提高，让其生活水平稳步提升，与全面小康社会建设进程相适应。

第二节　精准扶贫研究理论基础

一　收入再分配理论

收入再分配理论的核心是社会保障制度的建立，该理论的最早提出要追溯到19世纪欧洲完成工业革命的时期，由于私有制的剥削性质，私有财富不断膨胀，财富的大量集中导致了以劳动力换取报酬的工人阶级不仅没有随着经济发展获得生活水平的提高，反而更加贫困。以“费边主义”为代表的观点认为，贫穷不仅仅是个人的事，更是整个社会的事，政府有责任也有义务按社会的需要实行某种程度的转移支付，援助病患、老年人、儿童和失业者，以确保每个人获得保障。① 在此之后，英国经济学家庇古在其论著《福利经济学》中提出，政府应该强化对弱势群体的收入转移，主要通过两个途径：一种是直接转移的方式，例如社会保险的缴纳和社会服务的建设；另一种则是间接转移的方式，如对贫困人口进行生活必需品补贴、为失业者提供培训、为贫困儿童提供受教育机会等。② 与初次分配不同，初次分配更注重效率，再次分配则强调公平。同时，“福利”国家的经验表明，创造财富和分享财富同样重要。③

二　激励理论

激励理论是一种激发人的积极性，以提高效率、实现行为目标的措施。斯蒂芬·兰德斯伯格在其著作中指出，激励反应就是人们在做选择时往往会权衡成本和收益，追

① 丁建定:《社会福利思想》，华中科技大学出版社，2005。

② 〔英〕庇古:《福利经济学》，金镝译，华夏出版社，2007。

③ 朱霞梅:《反贫困的理论与实践研究——基于人的发展视角》，复旦大学博士学位论文，2010。

求利益最大化，没有人会愿意去做亏本的事情，个人决策会随成本和收益变动而变化。[①] 精准扶贫中对脱贫脱帽、扶贫资金的分配、扶贫工作人员的奖励和考核，实行正面激励，采取奖励机制，有利于扶贫工作人员工作积极性的提高；对贫困户给予正面激励，促使他们积极参与到扶贫中来以提高扶贫效率；同时，对于贫困退出给予正面激励，鼓励贫困户脱贫后积极退出。

三　赋权理论

“赋权理论”（Empowerment Theory），也被译作增权、增能等，主要是指“赋予权利，使有能力”。作为一种理论，赋权理论最初被应用于社会工作和女性运动领域，后来扩展到失权个人和群体。赋权理论真正成为一种反贫困理论是阿马蒂亚·森“权利贫困说”的出现。在《贫困与饥荒——论权利与剥夺》一书中，森认为：“生活中一些最严重的饥荒的发生，只是因为他们未获得充分的食物权利的结果，并不直接涉及物质的食物供给问题。”[②] 由于贫困的根源在于权利的匮乏，所以森认为：“要解决贫困，我们要做的事情不是保证‘食物供给’，而是要保护‘食物权利’。”赋权理论认为，贫困者权利的保护，必须通过相应的制度安排，建立一套政

---

① Geri Mason, James Rounmassrt, “Reducing Rural Poverty in Asia:Challenges and Opportunities for Micro-enterprises and Public Employment Schemes,” *Economic Development and Cultural Change*, Chicago: Jan 2009 (57).

② 〔印度〕阿马蒂亚·森：《贫困与饥荒——论权利与剥夺》，王宇等译，商务印书馆，2004。

治和社会体制，使其各项权利得到有效保障。同时，要超越经济层面向穷人赋权成为反贫困理论的核心。

四 人力资本理论

人力资本理论来自19世纪新古典学派的柯布—道格拉斯生产函数即生产函数概念，这个概念表明了一定的产量来自一定的组合条件的生产要素投入。后来的人力资本理论研究者们在此基础上提出关于人力资本及其经济效果的概念。美国芝加哥大学教授西奥多·W.舒尔茨将人力资本系统化为理论，并写成《人力资本投资》一文加以传播。舒尔茨人力资本理论把包括教育投资和健康投资在内的、旨在提高人口素质的投资看成生产性投资，并在经济发展中产生远比物质资本和劳动力数量增加更为重要的作用。他认为土地本身并不是导致人类贫困的主要原因，而人的能力和素质却可以成为决定贫富的关键，人力资本的提高对农业及整个经济的作用远比物质资本的增加更为重要。

五 刘易斯模型理论

美国著名经济学家阿瑟·刘易斯创立了刘易斯模型理论[①]，是农村劳动力转移研究理论的先驱。其代表作品《劳动力无限供给条件下的经济发展》指出，“二元经济结构”

① 邹慧娟:《农村剩余劳动力转移影响因素分析》，扬州大学硕士学位论文，2011。

普遍存在的发展中国家，在劳动力出现的情况和前提下，农村劳动力向其他产业转移是必然趋势。刘易斯模型提出，在传统农业和现代工业的经济二元分割背景下，工业行业对劳动力的巨大需求促使农业劳动力自觉向其过渡和转移，这是行业发展的必然和市场经济发挥作用的使然。

第三节　精准扶贫精准脱贫政策

没有贫困地区的小康，就无法全面建成小康社会。习近平总书记强调，越是进行脱贫攻坚战，越是要加强和改善党的领导。脱贫攻坚的一线最能考察、识别干部，各级领导干部只有对脱贫攻坚各项情况“了如指掌”，才能攻坚克难啃下“硬骨头”。党的十八大以来，全党全社会创新精准扶贫精准脱贫的工作思路，出台了一系列重大政策。2015 年 11 月 29 日，《中共中央 国务院关于打赢脱贫攻坚战的决定》的出台，把精准扶贫精准脱贫的工作推向冲刺阶段。

精准扶贫精准脱贫政策，既有开发式扶贫政策，又有保障性脱贫政策，构成了新时代中国特色的精准扶贫精准脱贫政策体系。精准扶贫精准脱贫政策详见表 2-3。

表 2-3 精准扶贫精准脱贫政策一览表（2015 年 11 月至 2019 年 8 月）

时间	政策名称
2015 年 11 月 29 日	《中共中央 国务院关于打赢脱贫攻坚战的决定》（2015 年 11 月 23 日中共中央政治局会议审议通过）
2015 年 12 月 8 日	国家发展改革委等五部门联合印发《“十三五”时期易地扶贫搬迁工作方案》
2015 年 12 月 24 日	《国家能源局关于印发加快贫困地区能源开发建设推进脱贫攻坚实施意见的通知》（国能规划〔2015〕452 号）
2015 年 12 月 30 日	《国家民委关于支持黔西南“星火计划、科技扶贫”试验区建设的意见》
2016 年 1 月 18 日	共青团中央印发《关于共青团助力脱贫攻坚战的实施意见》
2016 年 2 月 16 日	水利部等印发《关于加强金融支持水利扶贫开发工作的意见》
2016 年 3 月 11 日	国家发展改革委印发《关于支持贫困地区农林水利基础设施建设推进脱贫攻坚的指导意见》
2016 年 3 月 16 日	中国人民银行等印发《关于金融助推脱贫攻坚的实施意见》
2016 年 3 月 23 日	国家发展改革委等五部门印发《关于实施光伏发电扶贫工作的意见》
2016 年 3 月 28 日	《中国人民银行财政部银监会证监会保监会扶贫办共青团中央关于全面做好扶贫开发金融服务工作的指导意见》（银发〔2016〕65 号）
2016 年 4 月 22 日	《国务院办公厅关于支持贫困县开展统筹整合使用财政涉农资金试点的意见》
2016 年 4 月 29 日	国家发展改革委等印发《关于进一步发挥交通扶贫脱贫攻坚基础支撑作用的实施意见》
2016 年 6 月 7 日	水利部等印发《关于加强烟区水利建设推进滇桂黔石漠化片区脱贫攻坚的意见》
2016 年 6 月 23 日	《农业部办公厅关于支持贫困县开展统筹整合使用财政涉农资金试点工作的通知》
2016 年 7 月 26 日	《人力资源社会保障部国务扶贫办关于开展技能脱贫千校行动的通知》
2016 年 7 月 30 日	《交通运输部关于印发“十三五”交通扶贫规划的通知》
2016 年 8 月 4 日	《人力资源社会保障部关于在打赢脱贫攻坚战中做好人力资源社会保障扶贫工作的意见》
2016 年 8 月 11 日	国家旅游局等《关于印发乡村旅游扶贫工程行动方案的通知》
2016 年 9 月 1 日	农业部印发《关于加大贫困地区项目资金倾斜支持力度促进特色产业精准扶贫的意见》
2016 年 9 月 8 日	《中国证监会关于发挥资本市场作用服务国家脱贫攻坚战略的意见》（证监会公告〔2016〕19 号）
2016 年 9 月 17 日	《国务院办公厅转发民政部等部门关于做好农村最低生活保障制度与扶贫开发政策有效衔接指导意见的通知》（国办发〔2016〕70 号）
2016 年 9 月 30 日	《国家旅游局办公室关于实施旅游万企万村帮扶专项行动的通知》

续表

时间	政策名称
2016 年 10 月 13 日	科技部等印发《科技扶贫行动方案》
2016 年 10 月 24 日	财政部等印发《关于进一步做好贫困县涉农资金整合工作有关事项的通知》
2016 年 10 月 24 日	中国科协等印发《科技助力精准扶贫工程实施方案》
2016 年 10 月 27 日	中央网信办等印发《网络扶贫行动计划》
2016 年 11 月 3 日	住建部等印发《关于加强建档立卡贫困户等重点对象危房改造工作的指导意见》
2016 年 11 月 8 日	国家林业局办公室财政部办公厅国务院扶贫办行政人事司《关于开展建档立卡贫困人口生态护林员选聘工作的通知》
2016 年 11 月 21 日	国家林业局印发《林业科技扶贫行动方案》
2016 年 11 月 23 日	国务院扶贫办等印发《关于促进电商精准扶贫的指导意见》
2016 年 12 月 2 日	《人力资源社会保障部财政部国务院扶贫办关于切实做好就业扶贫工作的指导意见》
2016 年 12 月 22 日	中国残联等印发《贫困残疾人脱贫攻坚行动计划（2016~2020 年）的通知》
2017 年 3 月 2 日	《教育部办公厅关于 2016 年连片特困地区乡村教师生活补助实施情况的通报》
2017 年 5 月 22 日	教育部等印发《贯彻落实〈职业教育东西协作行动计划（2016~2020）〉实施方案》
2017 年 5 月 25 日	文化部印发《“十三五”时期文化扶贫工作实施方案》
2017 年 5 月 31 日	财政部等印发《关于做好财政支农资金支持资产收益扶贫工作的通知》
2017 年 8 月 4 日	农业部印发《在贫困地区开展农技推广服务特聘计划试点实施方案》
2017 年 11 月	中共中央办公厅、国务院办公厅印发《关于支持深度贫困地区脱贫攻坚的实施意见》
2018 年 1 月 18 日	国家发展改革委等六部门印发《生态扶贫工作方案》
2018 年 3 月 8 日	《国务院扶贫办印发〈关于完善县级脱贫攻坚项目库建设的指导意见〉的通知》
2018 年 3 月 30 日	国家发展改革委印发《中国的易地扶贫搬迁政策》
2018 年 5 月 3 日	工业和信息化部印发《关于推进网络扶贫的实施方案（2018~2020 年）》
2018 年 6 月 15 日	《中共中央国务院关于打赢脱贫攻坚战三年行动的指导意见》
2018 年 10 月 29 日	国务院扶贫办等印发《关于开展扶贫扶志行动的意见》
2018 年 12 月 30	《国务院办公厅关于深入开展消费扶贫助力打赢脱贫攻坚战的指导意见》（国办发〔2018〕129 号）
2019 年 1 月 15 日	国务院办公厅印发《关于深入开展消费扶贫助力打赢脱贫攻坚战的指导意见》（国办发〔2018〕129 号）

续表

时间	政策名称
2019 年 3 月 13 日	最高人民检察院《国务院扶贫开发领导小组办公室 关于检察机关国家司法救助工作支持脱贫攻坚的实施意见》
2019 年 4 月 5 日	财政部、税务总局、国务院扶贫办公告《关于企业扶贫捐赠所得税税前扣除政策的公告》(〔2019〕49 号)
2019 年 4 月 11 日	《关于进一步支持和促进重点群体创业就业有关税收政策的通知》(财税〔2019〕22 号)
2019 年 4 月 28 日	中央网信办、国家发展改革委、国务院扶贫办、工业和信息化部联合印发《2019 年网络扶贫工作要点》
2019 年 5 月 14 日	民政部、财政部、国家卫生健康委员会、国务院扶贫办、中国残疾人联合会《关于在脱贫攻坚中做好贫困重度残疾人照护服务工作的通知》(民发〔2019〕33 号)
2019 年 5 月 27 日	国务院扶贫办《关于进一步做好县级脱贫攻坚项目库建设的通知》
2019 年 7 月 18 日	中国银保监会、财政部、中国人民银行、国务院扶贫办《关于进一步规范和完善扶贫小额信贷管理的通知》(银保监发〔2019〕24 号)
2019 年 8 月 28 日	财政部、国务院扶贫办、供销合作总社关于印发《政府采购贫困地区农副产品实施方案》的通知 财库〔2019〕41 号

资料来源：根据国务院扶贫办网站公布信息整理。

第三章

湖南省及湘西民族地区扶贫模式

2013 年 11 月 3 日，习近平总书记一行奔走在湘西的山路上。当总书记沿着蜿蜒曲折的山路来到花垣县双龙镇十八洞村时，面对着这个苗族贫困村落，习近平总书记说:“我正式提出‘精准扶贫’，就是在十八洞村。”一场精准扶贫攻坚战在湖南湘西十八洞村开始打响，我国进入了“精准扶贫”时代。多年的精准扶贫实践，向世界宣告中国贫困地区、贫困乡村发生了翻天覆地的变化。

2015 年 6 月，习近平总书记在贵州主持召开扶贫攻坚座谈会时指出:“扶贫开发贵在精准，各地扶贫开发工作部门要做到在扶持对象、项目安排、措施到户、资金使用上的精准，要因地制宜地实施‘五个一批’工程（‘五个一批’工程即发展生产脱贫一批、易地搬迁脱贫一批、生态补偿脱贫一批、发展教育脱贫一批和社会保障兜底一批）。”自精准扶贫理念提出以来，各级、各地政府不断深入践行这一理念，同时精准扶贫也已成为学术界和当前社会的热门话题，理论研究和扶贫实践不断深入，将之前的“大水漫灌式”扶贫转变为“精准滴灌式”扶贫，针对不同贫困地区的贫困状况进行有针对性的扶贫，一定程度上提高了扶贫的效果和扶贫资源的优化配置。

第一节　湖南省扶贫脱贫模式创新

2016年3月8日，习近平总书记在参加十二届全国人大四次会议湖南代表团讨论时指出：“湖南探索的产业扶贫‘四跟四走’路子，即‘资金跟着穷人走，穷人跟着能人走，能人跟着产业项目走，产业项目跟着市场走’，要落实好。”湖南省扶贫脱贫攻坚工作在社会影响力、模式创新性、可复制推广性、可持续性等指标上亮点突出。

湖南省农村贫困人口2010年底有1006万人，经过扶贫工作，2015年底降到445万人，共减少贫困人口561万人，贫困人口规模由全国第三位降至第五位，贫困发生率由17.73%降至7.84%；51个扶贫开发工作重点县人均GDP、人均地方财政收入分别达到21545元、1014元，较2010年分别增长84.2%、128%；农民人均可支配收入也达到了7575元，比2010年的农民人均纯收入3289元有大幅提升，贫困群众的获得感明显增强。2015年，全年帮助110万贫困人口摆脱了贫困。

2015年以来，湖南省委、省政府召开有关扶贫会议40余次，坚决贯彻中央的决策部署，高密度部署推进扶贫工作。2015年7月省委出台了《关于实施精准扶贫加快推进扶贫开发工作的决议》。

2016年以来，湖南省委召开高规格扶贫开发工作会议，随后又多次召开省委常委会议、省政府常务会议、省扶贫开发领导小组会议，研究部署脱贫攻坚工作；14个市州、51个重点县的党政主要负责人向省委、省政府递交了脱贫攻坚责任书。

湖南省把脱贫攻坚作为重大政治任务、头等大事和第一民生工程，超额完成年度减贫110万人的任务，武陵源区、洪江区2个省级扶贫开发工作重点县和1100个贫困村进行脱贫摘帽验收。通过精准有效帮扶，贫困地区基础设施、公共服务不断改善，贫困地区呈现脱贫提速、发展提效、民生提质的良好局面。①

近年来，在扶贫脱贫模式创新方面，湖南省做了大量工作，形成了以下基本经验。一是特色产业扶贫；二是全方位政策支撑；三是“输血”向“造血”转变；四是将金融扶贫、产业扶贫和兜底扶贫有机结合。

① 《创精准扶贫新模式 谱脱贫攻坚新篇章》，湖南政协网，2017年4月14日。

一　特色产业扶贫“四跟四走”

特色产业扶贫“四跟四走”，即“资金跟着穷人走，穷人跟着能人走，能人跟着产业项目走，产业项目跟着市场走”。

近年来，湖南省累计发放扶贫小额贷款 69.4 亿元，帮助 23 万户贫困农户解决了产业发展资金短缺的问题，国家五部委对湖南省打造的“无抵押、无担保、基准利率”扶贫小额信贷新模式给予了充分肯定。国家出台的扶贫小额信贷指导意见，基本是以湖南的做法为蓝本。当前，扶贫开发已进入攻坚拔寨的冲刺期，越到后期越需要啃“硬骨头”，更需要思想观念求突破和体制机制谋创新。因此，必须要拿出改革创新精神，在转变观念、转变方式、转变思路、转变效能上求突破。如针对推进劳务输出脱贫，通过产业促进、创业带动等方式，转移就业 11.57 万贫困人口。

2016 年，湖南省与广东开展了劳务协作脱贫试点，探索形成了“一套机制 + 一项平台 + 四个关键环节”的“114”模式，积累了可复制、可推广的经验，帮助湘西州 18.96 万贫困劳动力实现了稳定就业，新增转移就业 2.2 万余人。汪洋副总理对此作出了重要批示：“湖南试点工作做得扎实细致，尤其是省内的对接同步进行效果更好。湖南的经验要介绍推广。”

二　构建“1+10+17”政策支撑体系

由省级领导 34 人带头，120 余次深入贫困地区调研，指导推动脱贫攻坚工作；加强顶层设计[①]，湖南省扶贫办牵头构建了“1+10+17”（1个目标指南、10个保障机制、17个实施方案）的政策支撑体系；省财政加大扶贫投入，新增财政扶贫资金20亿元，较上年增长205%，并从地方债券资金中切块安排21亿元支持贫困地区基础设施建设等，这些政策、举措的出台和落实，确保“一张蓝图干到底”，以战术上的“持久战”打赢战略上的“攻坚战”。

湖南省要求严格执行脱贫攻坚“一把手”负责制，省、市、县、乡、村五级书记一起抓，脱贫攻坚任务重的市州、县市区、乡镇党委和政府要把脱贫攻坚作为“十三五”期间头等大事和第一民生工程来抓，坚持以脱贫攻坚统揽经济社会发展全局。

2016年4月1日，湖南省政府再一次出台《关于深入贯彻〈中共中央国务院关于打赢脱贫攻坚战的决定〉的实施意见》。目前，全省有武陵山、罗霄山两大集中连片特困地区，有51个扶贫开发工作重点县，8000多个贫困村，445万贫困人口，贫困人口总数排在全国第五位，贫困发生率7.84%，完成脱贫攻坚任务时间紧、任务重、难度大。要扎扎实实推进脱贫攻坚各项工作，抓住贫困群众最关心、最迫切、最亟待解决的问题集中发力、重点突破，真正把好事办好、实事办实，坚决杜绝“被脱

① 李志林、柳德新、奉永成：《精准扶贫：风起十八洞，攻坚在湖南——“牢记嘱托，奋进潇湘”系列述评之三》，湖南省发展与改革委员会网站，2017年10月11日。

贫”、搞数字游戏。

针对全省扶贫现况，省扶贫开发领导小组制订湖南“十三五”脱贫摘帽行动计划，明确了脱贫攻坚的任务书、路线图、时间表。相继推出了系列脱贫攻坚政策和举措，开展了综合督查、专项督查，有效推进了工作落实。

三　改革创新“给路子”

2016 年，湖南省级投入财政扶贫资金超过 10 亿元，实施重点产业项目 86 个，直接帮扶 20 万贫困人口发展生产。在 60 个县 556 个贫困村开展光伏扶贫试点，发展集体经济，增强服务功能。创新扶贫开发模式，要发展特色产业，培育新的经济增长点，湖南创出了“四跟四走”产业扶贫新模式。改变政府单纯“给票子”，结合政策“给路子”。由偏重“输血”转向注重“造血”，由各方“单打独斗”转为整合资源“重拳出击”。精准扶贫脱贫要确立能够带动农民实现持续增收的主导产业，努力让扶贫对象享受更多产业红利。《湖南省“十三五”产业精准扶贫规划》正式出台，为落实“四跟四走”产业扶贫路子、发展特色产业增收脱贫及产业扶贫发展指明了方向。

四　福祉民生迈出“新步子”

湖南省贫困人口中，因病、因残、因灾致贫返贫的占到 60% 左右，对于“无劳力、无能力、无资金”、必须依靠国家政策兜底和政府帮扶方能脱贫的贫困对象，省扶贫办开创了以开发式扶贫方式解决救济式扶贫问题的新举措。特色水果产业，项目建成后将惠及当地建档立卡的1034名残疾人及4979名贫困人口。资产收益扶贫的成功探索与实践，既丰富了扶贫开发理论，又推进了脱贫攻坚工作。在落实并强化低保、五保等国家保障制度的同时，将金融扶贫、产业扶贫和兜底扶贫相融合，建立起精准扶贫的长效机制，推动这类群体得到资产收益共享并最终脱贫，意义深远，举措重要，值得重视和更进一步的探索。

湖南省近三年帮助13万名贫困农户搬进了新居。扶贫办一边探索农村危房改造政策，一边摸索有效阻断贫困代际传递的新路径。编制了全省易地扶贫搬迁“十三五”规划和实施方案，16万人的年度搬迁计划如期完成。

加强教育脱贫，针对贫困地区人才缺乏的深层根源，实施“一家一”助学就业·同心温暖工程，资助1.6万余名学生接受职业学历教育，资助了111万名建档立卡贫困家庭在校生，将农村义务教育阶段学生营养改善计划由37个片区县扩大到51个贫困县。

实行保障兜底脱贫，全面完成45万名社会保障兜底对象认定工作，将农村低保标准从原来的165元/月提高到220元/月，大幅缩小了低保与扶贫标准的差距。开展医疗救助脱贫，初步完成“因病致贫、因病返贫”调查摸底，研究出台了健康扶贫系列政策，贫困人口医疗保障、新农合、大病保险、医疗救助等工作明显加强。在40个片区县和重点县安排1.1万名建档立卡贫困人口就地转为护林员，带动5万人脱贫。

湖南省主要把握了三条原则：坚持问题导向，有什么问题解决什么问题；坚持精准要求，改“大水漫灌”为“精准滴灌”，注重机制创新，在扶贫政策和措施上坚持落深、落细、落实；坚持政府和市场共同发力，注意扶贫资源、资金的整合，在顶层设计上把握好大方向。在扶贫发展中，为将普惠改为特惠政策，湖南探索走出了“四跟四走”产业扶贫新路子，即“资金跟着穷人走，穷人跟着能人走，能人跟着产业项目走，产业项目跟着市场走”的产业扶贫思路。“四跟四走”的核心是把片区的产业发展与精准扶贫相结合，政府与市场相结合，发展要形成利益联结机制，这种产业帮扶模式改过去的给钱给物、打卡到户为直接帮扶、委托帮扶、股份合作。2015年、2016年两年，按照“四跟四走”产业扶贫模式，湖南省财政共安排专项扶贫资金7.2亿元，整合金融和社会资金50亿元，实施重点产业扶贫项目138个，精准帮扶40万名扶贫对象增收，扶贫成效显著。扶贫要先扶志，贫困对象要有求富的愿望。

扶贫还要扶智，要提高贫困对象自我发展的能力。对于老一辈的贫困对象，只能改善他们的生活条件；对于新生劳动力，一定要着力提高他们自身的素质，从根本上解决问题，阻止贫困代际传递。如何真正提高贫困对象自我创收的能力？要围绕就业发展做文章。农村劳务水平较低，贫困农户自身要谋求发展，同时政府要精准识别贫困劳务对象，做好劳务输出地和输入地的对接工作，提高管理和服务水平，通过政府引导稳定就业、扩大就业和提升就业，发挥政府助推、市场主导、社会中介的作用。

2017 年，湖南全省居民人均可支配收入 10812 元，同比增长 8.9%。贫困地区（49 个国家级县）农村居民人均可支配收入 4330 元，同比增长 10.8%，精准扶贫成效显著。根据计划，茶陵县、炎陵县、祁东县、石门县、桂东县、江永县、宁远县、双牌县、鹤城区、中方县、洪江市、吉首市 12 个县市在 2017 年脱贫。经过砥砺奋进的五年，12 个县市区农民年收入实现较快增长，达到 4992 元。同比增长 9.8%，比全省农村居民平均增速高 1.6 个百分点。①

第二节　湘西土家族苗族自治州扶贫脱贫实践与成效

湘西自治州位于湖南省西部偏北，是一个地区级行政区划，州政府驻地为吉首市。作为典型的“老、少、边、山、穷”地区，该自治州是国家西部大开发、扶贫攻坚先行先试地区和湖南省扶贫攻坚主战场。2013 年 11 月 3 日，习近平总书记亲临湘西视察，提出“实事求是、因地制宜、分类指导、精准扶贫”的重要指示精神，要求精准扶

① 杨杰妮、李路路:《砥砺奋进的五年：12 个县市区将于今年脱贫》,《潇湘晨报》2017 年 7 月 19 日。

贫，真扶贫、扶真贫，做好发展生产、公共服务、全民教育三件大事，把片区攻坚、直接帮扶、整村推进、产业开发等工作做深、做实、做细。全州各级干部群众在州委、州政府的正确领导下，认真贯彻落实习近平总书记重要指示精神和湖南省委、省政府的部署要求，突出兜底保障全覆盖、基础建设补短板、培育产业强支撑、教育培训治穷根、易地搬迁挪穷窝，全力实施精准扶贫、精准脱贫工程，探索走出一条集中连片贫困地区可复制、可推广的精准扶贫精准脱贫好路子，取得了较好成效，使全州进入了精准扶贫成效最好、贫困群众实惠最多、农村面貌变化最大的时期。2014 年 1 月至 2016 年 9 月，全州共减少 43.09 万贫困人口，全州农村贫困人口下降到 30.08 万人，农村贫困发生率下降为 12%，城乡面貌发生了显著变化。

在湘西土家族苗族自治州，2015~2020 年省级贫困村共有 1200 个。其中，吉首市 84 个，泸溪县 94 个，凤凰县 200 个，花垣县 162 个，保靖县 130 个，古丈县 95 个，永顺县 195 个，龙山县 240 个。最多的是龙山县。州政府对这些贫困村加大力度开展扶贫脱贫工作。

一　湘西自治州精准扶贫精准脱贫基本情况

全州共有中央、省、州、县市的 1069 个单位参加驻村扶贫工作，组建了963个工作组（中央4个，省直36个，州直 77 个，县市 846 个），选派了 2669 名干部进驻 1200

个贫困村开展扶贫工作，实现了对贫困村的全覆盖。[①]

（一）建档立卡

目前全州基本完成“全国扶贫开发信息业务管理子系统”数据录入工作，建档立卡贫困人口系统数734288人，其中未脱贫人口系统数500737人。

（二）脱贫进度

2010~2014年，湘西州累计减少农村贫困人口50万人，农村贫困发生率下降至25.29%。2014~2015年两年间，全州共减少贫困人口23.09万人，农村贫困人口下降至51.19万人，农村贫困发生率下降至20.4%。2016年湖南省下达分配任务为减贫人口117658人，目前已完成贫困人口脱贫进度的73.17%。2017年全力推进脱贫攻坚。扎实推进精准脱贫“十项工程”，易地搬迁建成安置房8601套，搬迁3.67万人。

（1）转移就业脱贫工程：新增贫困劳动力转移就业1.26万人。

（2）教育发展脱贫工程：实现贫困学生资助全覆盖，贫困家庭子女就读率和贫困家庭普通高中生免费入学率均达到100%。

（3）医疗救助帮扶工程：实现贫困患者实际报销比例达85%以上，特困患者全额报销。生态补偿资金脱贫工程，

① 龙晓华：《2018年湘西土家族苗族自治州政府工作报告——湘西土家族苗族自治州第十四届人民代表大会第二次会议》，湘西州政府网，2018年1月3日。

将2347名贫困人口也转为护林员，达7655人，带动2.1万名贫困人口脱贫。

（4）社会保障兜底工程：对3.79万名兜底对象实现应保尽保，全面实现农村低保线与脱贫标准线“两线融合”。

（5）基础设施配套工程：大力推进光伏扶贫，新建村级光伏发电站174座，并网发电115座。

（6）发展生产、休闲农业旅游、公共服务等各项工作统筹推进：整合资金50亿元，设立扶贫产业基金400亿元，精准扶贫贷款余额140亿元，用于精准扶贫和发展产业。

（三）摘帽规划

农村贫困发生率控制在12%左右，吉首市摘掉省扶贫开发工作重点县帽子；2018年，花垣县摘掉国家扶贫开发工作重点县帽子；2019年，稳定实现“两不愁、三保障”，龙山县、泸溪县、凤凰县、古丈县、保靖县、永顺县摘掉国家扶贫开发工作重点县帽子，腊尔山片区、吕洞山片区、红土壤片区、永龙界片区4个集中连片贫困地区区域性贫困全部消除，1200个贫困村全部退出，国家现行标准下的50万贫困人口全部脱贫。

二　湘西自治州精准扶贫脱贫实践

湘西自治州精准扶贫脱贫的基本经验是，做到“三个精准到位”，在精准发力上实现“四个大跨越”。

（一）精准识别到位，完善扶贫对象识别机制

按照“实事求是、因地制宜、分类指导、精准扶贫”的工作思路，把“扶谁”的问题瞄准在建档立卡贫困户对象上，先后组织州、县、乡、村四级干部数万余人逐村逐户调查产业状况和致贫原因、收入现状等，严格按照“户主申请—投票评比—村级初审—张榜公示—乡镇审核—县级审批—入户登记”七道程序，开展多轮公示，将人均纯收入低于2855元的农户全部列为扶贫对象，逐村逐户登记造册，全面完成了1200个贫困村和73.43万名农村贫困人口的登记识别和建档立卡工作，通过深入开展精准识别“回头看”，将贫困户全部建档立卡并录入系统，实施动态管理，并通过对平台大数据分析，实现扶贫资源更加有效的精准配置，建立了“户有卡、村有册、乡有簿、县有档”的四级管理网络，做到了扶持对象精准。

（二）分类指导到位，精准帮扶到村、到户、到人

注重搞好精准脱贫总体谋划和顶层设计，初步建立了以3个文件、13个方案、1个办法、1个细则为主要内容的“3+13+1+1”政策制度体系，明确了具体任务、着力重点、考核内容、措施办法、责任分工、完成时限和检查验收等方面要求，形成了环环相扣、衔接紧密的工作链条。在精准识别的基础上，逐村、逐组、逐户摸清底数和致贫原因，算清基础账、增收账和条件账，掌握贫困村和贫困人口的发展需求，明确帮扶主攻方向，做到“一家一本台

账、一个脱贫计划、一套帮扶措施”，切实因村因户因人施策，精准滴灌到村、到户、到人。对识别对象按照“五个一批”要求，精准实施分类帮扶：对有劳动能力和开发条件的低收入群体，主要通过扶贫生产脱贫一批；对鳏寡老人、“两后生”孤儿等特殊贫困群体，实行社会保障兜底扶贫一批；通过发展教育脱贫一批；通过生态补偿脱贫一批；对那些“一方水土养不起一方人的”，通过易地搬迁脱贫一批。科学编制州、县市、行业和贫困村四级精准扶贫实施规划。把州内4个中高海拔集中连片贫困地区、1200个贫困村作为扶贫攻坚主战场，因地制宜，分类实施“整村推进”。

（三）领导部署到位，高位推动精准扶贫

州委、州政府始终把扶贫开发作为全州发展最大的任务、最大的民生工程和最大的政治责任。2014年、2015年、2016年，州委、州政府连续三年召开州委扶贫开发工作会议，并分别出台了《关于进一步加强扶贫开发工作意见》《关于全力打好精准扶贫攻坚战加快推进全面建成小康社会的决议》《关于打赢精准脱贫攻坚战的意见》三个州委一号文件，进一步明确了全州精准脱贫攻坚战的目标任务、重点工作、保障措施和各级党政领导及部门责任，制定了实施细则和考评考核办法。特别是2016年召开的州第十一次党代会，进一步对全州打赢精准脱贫攻坚战进行了全面部署，吹响了全州决战决胜精准脱贫攻坚、全力冲刺全面小康“总攻”冲锋号，高度统一了全州各级各部门对精准扶贫精准脱贫的认识，增强了全州各级各部门精准

扶贫精准脱贫的决心和信心。近三年来，先后通过州委常委会、视频动员会、工作推进会、任务交办会、专项调度会、督查调研会等多种形式，研究、部署和推进扶贫开发工作，精准脱贫攻坚战取得了阶段性成效，州、县市、乡镇一级层层责任纵向压力，州直部门之间、州县之间、部门与县市之间的合作协调责任横向压力得到层层夯实。全州各级各部门围绕贯彻落实中央、省委、州委重要会议精神和决策部署，坚持以“精准”核心理念为引领，坚持目标导向、数据导向、问题导向、效果导向、考评导向，聚焦发展生产、公共服务、全民教育“三件大事”，根据不同区域的贫困类型，因地制宜，分类施策，切实把精准扶贫、精准脱贫落实到基本民生兜底、当家产业发展、资源整合优化配置、脱贫机制创新、区域统筹发展和项目建设上，推动和实现扶贫资源由普惠分配向靶向配置转变，扶贫路径由“大水漫灌”向“精准滴灌”转变，扶贫模式由偏重“输血”向注重“造血”转变，扶贫成效由“人均”向“人人”转变，有力地推进了全州精准脱贫攻坚的进程。

（四）在精准发力上实现“四个大跨越”

1. 在精准施策上实现大跨越

突出精准扶贫精准脱贫工作重点，扎实抓好精准扶贫精准脱贫“五个一批”“十项工程”，不断增强自我发展能力。一是突出抓好生产发展脱贫。大力发展柑橘、茶叶、百合、烟叶、油茶、杜仲和湘西黄牛、湘西黑猪等特色种养业，让所有贫困村都有支柱性产业；大力培育生产经营大户、家庭农场、农民专业合作社、农产品加工龙头企业和农业产业开发示范园，积极探索产业扶贫带动贫困群众精准脱贫之路；着力抓好土家族、苗族文化生态乡村游，促进农村贫困群众就地就业和增收致富，努力让所有贫困村都有脱贫致富支柱性产业，促进农村贫困群众就地就近创业创收。近三年来，全州累计实施产业扶贫开发项目 2 万多个，建成万亩精品园 12 个，乡镇建设千亩标准园 105 个，贫困村建设百亩示范园 1218 个，完成产业园面积 39.47 万亩，农村特色产业基地发展到 324.34 万亩。保靖县夯沙乡“五行苗寨”休闲农业旅游示范区、泸溪县潭溪万亩科技示范园等一批产业示范园区相继建成，园区采取委托帮扶、股份合作帮扶等形式，三年内可实现示范园覆盖的所有贫困户脱贫致富。大力推进 300 个传统古村落保护建设，重点保护整治 60 个民族特色村寨，启动实施土家族、苗族文化生态村镇游两条精品线建设，积极争创国家旅游扶贫试验区。二是突出抓好易地扶贫搬迁脱贫。依托新型城镇化、产业园区、生态文化旅游和中心集镇建设，大力实施易地扶贫搬迁脱贫工程，现已编制《易地扶贫搬迁劳动人口就业实施方案》，基本完成 50 个集中安置区（点）项目和 7 个分散安置点，基本建成保障性住房 10.5 万套，完成农村危房改造 8.9 万户，完成易地扶贫搬迁脱贫 31115 人。三是突出抓好发展教育脱贫。加大教育投入，实施城镇学校班额均衡、农村学校标准化、城乡教育信息化、教师队伍素质提升等“四大工程”。近三年来，新增城区学位 1.2 万个，调整边远贫困山区学校布局，改善农村办学条件，完善全方位帮困助学体系，扶持贫困学生 30 万人，从源头上打破农村贫困“代际传递”，让贫困学生不输在起跑线上。扎实推进创业就业示范州建设，认真落实国务院东西部联手扶贫劳务输出座谈会精神，采取“村核查、乡上报、县统计、州汇总”的方式，梳理摸排出 51 万名建档立卡贫困人口外出务工状况，完成与广东省、深圳市的省际劳务输出和长株潭地区的省内劳务输出对接工作，统筹做好州县内就近转移就业帮扶工作。近三年来，新增农村贫困劳动力转移就业 12.8 万人，技能扶贫培训农民近 50 万人次，培养农民大学生 1200 名。四是突出抓好生态补偿脱贫。大力实施绿色湘西生态扶贫工程，近三年来，落实生态护林员 4906 名，建成 30 个生态旅游休闲村，直接带动 16638 名贫困人口脱贫。五是突出抓好民生兜底保障脱贫。近三年来，财政用于民生支出达 300 多亿元，基本完成州县医疗卫生机构、乡镇卫生院改造，95% 的村有卫生室，乡乡有文化站，村村有农家书屋，孤儿慈爱园建设加快推进，基本建成保障性住房 10.5 万套，完成农村危房改造 8.9 万户，率先在全省实现乡乡有敬老院，率先在全省开展农村贫困大学生扶贫助学，率先在全省实现新农保、新农合、城镇居民医疗和养老保险全覆盖，城乡低保实现应保尽保。六是突出抓好基础建设补短板。围绕水、电、路、气、房和环境整治“六到农家”，整合投入资金 18.8 亿元，实施了乡村道路和机耕道、农田水利及安全饮水、危房改造等 8 项基本公共服务保障工程。

近三年来，在全省率先实施“五小水利”工程建设，解决了80多万名农村人口的安全饮水问题，完成了1732个村的农网改造，实现了乡乡通油路或水泥路、适宜通公路村的村村通公路、乡乡通宽带、村村通电话、城乡4G网络全覆盖。

2. 在精准示范上实现大跨越

遵照中央提出的“不搞‘栽’盆景”、形成可复制的经验全面推广这一指示要求，全州大力推进试点建设，以点带面推动精准扶贫深入开展。一是抓好整体推进示范村建设。扎实推进十八洞、追高鲁、吕洞山等100个扶贫攻坚示范村建设。十八洞村变“输血式”扶贫为“造血式”扶贫，全村初步形成了猕猴桃、烤烟、黄牛养殖、苗绣加工、乡村旅游等产业，农民人均纯收入从2013年的1668元增加到2015年的3580元。追高鲁村把蔬菜产业园区与美丽乡村建设结合起来，打造生态宜居、富足文明新苗寨，2015年农民人均纯收入达4600元。二是抓好扶贫建房示范村建设。着力抓好吉乐、拔茅等33个扶贫建房示范村建设，为实现贫困群众“住有所居”积累经验。吉乐村按照“实用、特色、协调、节约、美观”的原则，整合资金实施扶贫建房和危房改造，为民族贫困地区提供了一个可借鉴、可复制的扶贫建房模式。三是抓好产业开发示范园建设。做好农业特色产业“园、社、企、水、路”五字文章，着力建设100个扶贫产业示范园。菖蒲塘村立足现有1650亩特色水果基地和在其他乡镇流转的500亩“飞地”，通过“支部+合作社+企业+电商+果农”的模式发展现代农业，目前已初步完成果园标准化改造，全村猕猴桃、柚子等特色水果基地达 2200 亩，带动周边 5 个村寨连片 6000 亩特色生态果园建设。夯沙乡“五行苗寨”休闲农业旅游扶贫示范区对 5 个村实行统一规划、统一开发，实施基础设施、产业建设、生态环境、社会事业四大类 18 个扶贫项目，乡村旅游发展得越来越好。

3. *在精准管理上实现大跨越*

重点抓好扶贫体制机制创新，推动实现“扶到点上、扶到根上、扶到家里”。

完善结对帮扶机制。坚持新提拔干部必须具备扶贫工作经历制度，大力推行“领导联乡、单位联村、干部联户”的结对帮扶工作制度。从 2015 年开始，实行州、县市、乡镇联动驻村扶贫，组建 690 个驻村扶贫工作队，采取“单位包村、干部住村、一次性布点”的方式，对全州 1200 个贫困村实现驻村扶贫全覆盖。

完善整合投入机制。大力整合扶贫开发、以工代赈、农业综合开发、民族发展、通达工程、烟基工程等涉农资源，按照整村推进、连片扶持的方式，以县市为单位，统筹安排项目和资金。2015 年 1 月至 2016 年 9 月，全州共整合各类扶贫资金 50.55 亿元，撬动 10 亿元左右扶贫贷款，使有限的扶贫资源集中投入到最急需的地方给最贫困的对象。今后五年，明确全州共计整合精准扶贫资金 200 亿元，每年整合 40 亿元，用于全州 1200 个贫困村 73 万名贫困人口精准扶贫、精准脱贫。

完善绩效考核奖惩机制。科学整合重要考核事项，统筹考核管理和结果运用，注重建立“户有牌、村有册、乡有簿、县有备案”的台账式扶贫管理制度。按照“州里统筹、县市主体、乡镇配合、责任到人”的要求，建立严格的扶贫工作责任体系，形成各司其职、高效运转的扶贫工作责任体系。强化考核问责和奖惩激励，实行精准脱贫分级、分类、全过程考核管理，强化考核结果运用，对脱贫成效显著的单位和个人予以表彰，对工作落实不力的部门和地方严厉追责，对不作为、乱作为、违规违法的行为严肃查处。把扶贫开发工作纳为州委“五个文明”绩效考核和州政府目标管理重要内容，按照“一季三督，一月一次，一次一专项，一次一评分，季末汇总，一季一排名”的要求，采取“平时工作抽查、半年综合督查、年度考核验收”的方式，坚持明查与暗访相结合、过程管理和年度检查验收相衔接，一季一督查、一查一通报、年终算总账，加强对包村单位、资金整合单位和各县市的考核，以考核督查来传递压力、激发动力，推动精准脱贫攻坚工作扎实开展。

4. 在精准统筹上实现大跨越

坚持跳出农村抓扶贫，注重用改革开放和市场的办法破解当前贫困“单项扶贫措施难以奏效，常规工作手段难以改变”的困境，搞好“三个结合”。一是搞好扶贫开发与构建新型农业经营体系相结合。坚持市场导向，加快农村土地流转，大力支持农民专业合作社、农产品加工龙头企业和大户发展，创新利益联结机制，提高农民组织化程度，促进扶贫产业规模化、集约化发展。高度重视发展农村“能人经济”，让“资金跟着项目走、项目跟着穷人走、穷人跟着能人走、能人跟着市场走”，使大批“经济能人”成为农村最有潜力的创业资源、最具活力的市场开拓主体，走出一条市场化脱贫致富的新路子。近三年来，全州农村土地流转 87.6 万亩，农民专业合作社发展到 2721 个，家庭农场达 6654 个，规模以上特色农产品加工企业 671 家。二是搞好扶贫开发与推进新型城镇化相结合。着眼于城乡一体化发展，以加快户籍制度改革为切入点，让有能力、有愿望的农民加快转化为市民；加强工业园区建设，带动进城务工农民入园就业；围绕生态文化旅游产业发展，加快旅游风情小镇、乡村游精品线和特色村寨建设，让农民不离家乡就业创业。全州每年进城务工农民达到 70 万人，实现劳务收入 200 亿元，回乡创业人数明显增多。三是搞好扶贫开发与生态文明建设相结合。大力开展村庄环境综合整治行动和城乡同建同治活动，全力打造国内外知名生态文化公园，深入推进以退耕还林巩固、生态公益林建设、石漠化治理、全民植树造林等为重点的“绿色湘西”工程，加快农村能源建设，稳妥实施易地扶贫搬迁工程，累计完成退耕还林 416.35 万亩，全州森林覆盖率达 70.24%，形成了城镇与乡村统筹、机关与基层联动、干部与群众携手共建美丽乡村、靓丽城镇的工作常态。

三　湘西自治州脱贫攻坚生态成绩单

2013 年以来，湘西州先后制定出台了《关于打赢精准脱贫攻坚战的意见》《关于坚持生态优先推进绿色发展的意见》《绿色湘西建设行动方案》《发展绿色产业实施方案》等，湘西州财政每年投入1000万元用于实施生态建设修复工程，州人大出台了系列生态文化保护的地方性法规，每年全州有200多万人次参与生态文明建设。①

（一）生态补偿脱贫工程

湘西州以实施生态补偿脱贫工程为抓手，通过实施生态工程建设、加大生态补偿力度、大力发展生态产业、创新生态扶贫方式，实现了脱贫攻坚与生态文明建设的“双赢”。湘西林地面积占75.11%，森林覆盖率由2013年的66.86%增加到70.24%，生态效益总价值从996亿元增加到1146亿元，生态产业带动全州2/3以上贫困人口实现增收脱贫，绿水青山变成了“精准脱贫”的金山银山，交出了一份生态脱贫攻坚的成绩单。

湘西整合涉林资金44.5亿元，推进植树造林和退耕还林、生态公益林、石漠化治理等重点生态工程。2013年以来，全州发放生态公益林、天然林保护补偿资金和退耕还林补助资金26.1亿元，160多万人实现“绿色增收”；2016年，启动天然林保护工程，有16.38万户61.76万人受益，其中有建档立卡贫困户51714户210713人。同时，推进生态转岗脱贫工程，将具备条件的建档立卡贫困人口转为生态护林员，在国家分配3218名建档立卡贫困人口生态

① 刘麟：《“精准扶贫”吹绿湘西十万大山——湖南湘西州“牢记殷切嘱托决战脱贫攻坚”纪实》，央广网，2019年3月29日。

护林员指标精准到位的基础上，自筹资金增加了 4437 个名额，总数达到 7655 人，生态护林员转岗带动 2.1 万人脱贫。2017~2018 年，全州完成石漠化综合治理林业项目建设任务 8.928 万亩。114 个乡镇 1798 个行政村的 39.8 万农户 162 万人，户均获得退耕还林钱粮补助 14380 元，人均 3533 元，惠及建档立卡贫困户 98506 户 383224 人。

（二）原生态文化产业脱贫工程

围绕生态文化旅游产业发展，全州加快旅游风情小镇、乡村游精品线和特色村寨建设，让农民不离乡土就业创业。全州每年进城务工农民达到 70 万人，实现劳务收入 200 亿元，回乡创业人数明显增多。4 个生态旅游休闲村建设完成投资 2276 万元，对接和带动 74 户贫困户 261 人脱贫。

湘西自治州地域范围较广，自然资源丰富，青山绿水环绕，有着悠久的少数民族传统文化。湘西州各县市从实际出发，结合本地特色，走出了一条具有自身特色的脱贫发展道路。湘西州有沉淀了古老历史文化的里耶秦简、“鼓舞中华”的原生态表演，有苗族鼓舞、土家族的西兰卡普织锦、凤凰纸扎、酉水船工号子、民族风味的传统乡土美食、惹巴拉歌舞等。在促进原汁原味的原生态文化产业发展的同时，又传承了丰富多彩的少数民族文化和风土习俗，打造了“有生态美景可看、有民族文化可观、有独特风情可赏、有舒心情感可释”的生态旅游业。目前，湘西有各类文化企业近 4000 家，从业人员近 10 万人，是湖南省唯一的国家级文化生态保护试验区。州委的目标是，把湘西打造成集自然山水大花园、民族风情大观园、绿色产品大庄园、休闲旅游大乐园、和谐宜居大家园于一体的生态文化公园，在脱贫攻坚战中建设“美丽湘西”。

第三节　龙山县扶贫脱贫攻坚战

隶属于湘西土家族苗族自治州的龙山县位于湘西北边陲，地势北高南低，东陡西缓，境内群山耸立，峰峦起伏，酉水、澧水及其支流纵横其间。属亚热带大陆性湿润季风气候区，四季分明，气候宜人，雨水充沛。在这片神奇而美丽的土地上，繁衍生息着土家族、苗族、回族、壮族、瑶族等16个少数民族，其中以土家族、苗族为主。龙山聚宝藏珍，素有“万宝山”之美誉。水利、森林、草场资源极为丰富，药材驰名武陵。矿产资源种类繁多，主要有煤炭、紫砂陶、石英砂、铅、锌、硅等，其中优质紫砂陶储量5000万吨以上，石英砂近亿吨，煤矿地质储量达10亿吨以上。旅游资源丰富，现有里耶战国古城、古井、古简、火岩熔洞、佛教圣地太平山、八面山、洛塔红石林等。

一　龙山县概况

龙山县南北长106公里，东西宽32.5公里，总面积

3131 平方公里，辖 21 个乡镇（街道）397 个村（社区）。龙山县有以下六个显著特点。

（一）边界窗口县

龙山县位于湖南西北边陲，处于湘、鄂、渝三省（市）交界之地，史称“湘鄂川之孔道”，属全省最偏远的县之一。地处武陵山区腹地，是长沙市、武汉市、重庆市、贵阳市四个省会城市和吉首、张家界、恩施、黔江、铜仁五个地级城市的几何中心，是黔张常铁路、吉恩高速、黔张高速的交会处，有“湘鄂渝黔咽喉”之称。县城与湖北来凤县城融为一体，在全国绝无仅有。2011 年，国务院批复设立龙山来凤经济协作示范区。

（二）少数民族县

全县总人口 60.88 万人，其中 16 个少数民族人口占 71%，以土家族、苗族为主。龙山县是土家族的发祥地之一，土家族织锦技艺、土家族摆手舞等 6 个项目已列入国家级非物质文化遗产名录，有国家级代表性传承人 6 人。

（三）革命老区县

龙山有革命旧址 13 处，是全国爱国主义教育基地。近代以来，龙山人先后参加过白莲教起义、太平天国运动、武昌起义、护法讨伐袁世凯运动。这里是红色革命老区，第二次国内革命战争时期，贺龙、任弼时、关向应、王震、萧克、廖汉生等老一辈无产阶级革命家在这里创建了湘鄂川黔革命根据地，当时的湘鄂川黔省委、省政府就设立在兴隆街乡茨岩塘镇。跟随贺龙参加红军的龙山儿女有 9600 多人，现有在册烈士 2400 人。

（四）资源富集县

龙山县有“南方空中草原”八面山、“佛教圣地”太平山、“国家地质公园”乌龙山大峡谷、“岩溶地质的百科全书”洛塔红石林等自然风光。水利、森林、草场等自然资源丰富，煤炭、紫砂陶、石英砂等矿产储量巨大，有“万宝山”之美誉，已探明大理石品种 46 个，产值可达 5000 亿元；页岩气区块面积达 878 平方公里，居全省五个区块之首，预计储量 1.6 万亿立方米，产值可达 8.32 万亿元。

（五）历史文化县

龙山县拥有丰富的旅游资源。这里山清水秀，自然与民族风情交织，龙山历史悠久，文化厚重。龙山县集历史文化、红色文化、民族文化于一体，是里耶秦简文化的核心区、红色文化的富集区、土家文化的发祥地。有土家建筑的范本、“活化石”——树比村土家冲天楼。洗车河流域是中国土家族文化原生态保护区，有“中国民间文化艺术之乡”“中国土家族摆手舞之乡”“中国土家织锦之乡”之称。龙山县的里耶战国古城、古井、古简具有极高的历史文化研究价值，是我国考古史上发现的第一座秦代古城，享有“中国历史文化名镇”之称。

（六）国家级贫困县

龙山县属国家扶贫开发工作重点县，全县共有贫困村227个，其中深度贫困村79个。建档立卡贫困人口29896户120901人，是湘西州建档立卡贫困户最多的县。2014~2017年，全县累计脱贫17742户74773人，退出脱贫村67个，贫困发生率降至9.05%。

2018年退出81个村，脱贫人口22910人（湖南省下达减贫计划22144人），贫困发生率降至5%以下。

二　龙山县精准扶贫精准脱贫

龙山县总面积3131平方公里，辖21个乡镇（街道）397个村（社区）。2018年末，全县户籍总人口60.88万人，其中女性29.23万人。全年出生人口6577人，死亡人口3443人。年末常住人口48.81万人。其中，城镇人口20.59万人，城镇化率为42.18%，比上年末提高2.14个百分点。

全县居民人均可支配收入13641元，比上年增长10.7%。其中，城镇居民人均可支配收入21939元，同比增长9.4%；农村居民人均可支配收入9412元，同比增长10.8%。城乡居民收入比为2.33 ∶ 1。全县居民人均生活消费支出12395元，同比增长27.98%。城镇居民人均生活消费支出16561元，同比增长38.1%，其中食品支出3872元、衣着支出1324元、居住支出3914元；农村居民人均生活消费支出 10271 元，同比增长 20.2%，其中食品、衣着、居住支出分别为 2773 元、493 元、2365 元。全县城镇居民食品消费支出占消费总支出的比重（恩格尔系数）为 23.4%，农村居民恩格尔系数为 27%。

2018 年末，全县认定城镇居民最低生活保障对象 5967 人，全年共保障 77638 人次，发放低保资金 2754.15 万元；认定农村居民最低生活保障对象 9354 人，全年共保障 176559 人次，发放低保资金 4041.3 万元；城镇、农村低保人均月补助标准分别达 450 元和 330 元。共认定社会保障兜底对象 1340 户 3581 人，全年共保障 55010 人次，发放兜底资金 1850.8 万元。全县共有 2366 名农村五保对象，全年共保障 28831 人次，发放五保供养资金 1952.81 万元，其中集中供养 1110 人。各类收养性社会福利单位及养老服务机构床位 3228 张，收养各类人员 1296 人。新建城乡养老服务示范点 10 个，养老服务示范点新增床位 92 张。

（一）减贫情况

根据龙山县公布的数据，2014 年减少贫困人口为 5608 户 21030 人；2015 年减少贫困人口为 5714 户 23585 人；2016 年来，龙山全年完成了 35752 名建档立卡贫困人口预脱贫（超省任务 44.8%），经省扶贫办认定成功减贫 7130 户 27086 人，35 个贫困村顺利摘帽。脱贫攻坚工作取得了明显成效，龙山县 2017 年退出贫困村 32 个（见表 3–1）。

表 3-1 龙山县 2017 年退出贫困村名单（32 个）

街道、镇	村、社区	街道、镇	村、社区
民安街道	红星村、新林村	农车镇	艾溪村
兴隆街道	三塘村、白岩洞村、响水洞村	苗儿滩镇	黎明村、树比村、民族村、红光村、昔市社区
石羔街道	苦竹社区、青岗村、西洛村	靛房镇	他砂社区
洗洛镇	大元村	里耶镇	麦子坪村、树木村、杉树村、普车村
茨岩塘镇	中山村	召市镇	青坪村、兴平村、岩门口村
大安乡	龙口村、西堰村	咱果乡	卡撮村、连界村
红岩溪镇	凉风村	桂塘镇	核桃村、王道溪村
茅坪乡	金沙村		

资料来源：笔者根据访谈以及村委会填写的问卷调查整理，2017 年 7 月 22 日。

截至 2018 年底，全县累计脱贫 97633 人（当年实现 22910 人脱贫），退出贫困村 148 个（当年退出 81 个贫困村），贫困发生率降至 4.54%；未脱贫村 79 个，未脱贫人口降至 6631 户 23141 人。

龙山县委、县政府发出了与贫困进行决战的号令，兴产业、抓就业、置家业，三业齐头并进，强力助推贫困户脱贫致富。

1. 兴产业

龙山县以脱贫攻坚工作统领经济社会发展全局，把产业扶贫作为脱贫攻坚的根本之策和主攻方向，坚持综合施策，培育特色产业，夯实利益联结，带动全县 4.8 万名贫困人口实现了持续增收、稳定脱贫。

龙山县基本形成了以百合、柑橘、烤烟、畜牧养殖等优势产业和油茶、中药材、中蜂、茶叶等特色产业发展为主导的产业扶贫格局。百合种植规模、产量及销量位居全国首位。

案例 3-1

茅坪乡茶园坪村位于海拔 1100 米的猴子坡山上，开辟有 700 亩高山茶园。茶园坪村共有 1097 人，其中建档立卡贫困户有 57 户 230 人，目前已有 47 户成功脱贫。靠种植茶叶，村民人均年收入超过 8000 元。2019 年全村将实现整体脱贫。

2. 抓就业

龙山县坚持把就业脱贫作为主攻方向，抓实就业培训、技能培训，实现了“培训一人、就业一人、脱贫一户”。近年来，龙山举办专场招聘会等共计 52 场，提供就业岗位 5.27 万个，达成就业意向 1 万余人，10520 名贫困人口参加了政府组织的各种技能培训。

案例 3-2

家住靛房镇万龙村的田宗华，父母早逝，本人身患疾病。参加过两次县扶贫办举办的养羊技术培训，成为村里知名的养羊专家。2018 年通过发展养殖业脱贫后亲手写了退出建档立卡贫困户申请书。

龙山县开发保绿、保洁、保安、公路维护等农村公益性专岗共 2103 个。其中与济南市中区共同开发农村公益性专岗 1296 个，开发易地搬迁集中安置区公益性专岗 123 个，县自主开发公益性专岗 684 个，共安置建档立卡贫困劳动力就业 2103 人。龙山县通过劳务协作、专场招聘、开发岗位、创新创业、对口帮扶等，有力地促进了农村贫困劳动力稳定就业，截至 2018 年底，已转移就业贫困劳动力 39432 人，涉及贫困户 12449 户，通过转移就业脱贫 7788 户 25530 人，领取转移就业交通补贴 84600 人次，发放补贴 3925.83 万元。

3. 置家业

龙山县充分发挥龙头企业、致富能手、种养大户在脱贫攻坚中的引领示范作用。提升贫困人口的致富“造血”能力，带领贫困人口增收脱贫。大安乡周瑞率领的合作社免费对农户进行种植技术培训，免费提供药材种苗，村民在家门口就可以寻得一份工作。截至 2018 年末，合作社已建立白术、贝母、黄精等中药材基地 2150 亩，覆盖全乡 15 个村 669 户 2491 个贫困人口。2016 年，合作社用于农户现金分红的金额达 18 万元，2017 年又增加到 20 多万元。农户除了在合作社务工有报酬外，每年还能有一笔不菲的分红。

案例 3-3

大安乡苗家小伙周瑞，大学毕业后毅然选择回龙山自主创业。家乡山高路险、交通不便，老百姓收入不高，贫困人口较多。但山上有多种药材，有“箬竹叶之乡”“药材之乡”的美誉。周瑞带领村民种植中药材和箬竹叶。2013 年，他在当地开办加工厂，对中药材和箬竹叶进行深加工。而后又成立了农民合作社，合作社建立了“公司 + 合作社 + 基地 + 农户”的市场营销新模式。

2018 年，龙山县 18 家龙头企业、468 个种养专业合作社和大户能人与 26633 户贫困户建立了利益联结机制，为贫困户脱贫致富提供了全方位的“保姆式”服务。

截至 2018 年底，全县累计脱贫 97633 人，退出贫困村 148 个，贫困发生率降至 4.54%，未脱贫人口降至 6631 户 23141 人。

（二）经济发展情况

2018 年，全县地区生产总值 837225 万元，比上年增长 6.4%。其中，第一产业增加值 185112 万元，同比增长 3.5%；第二产业增加值 165096 万元，同比增长 3%；第三产业增加值 487017 万元，同比增长 8.9%。按常住人口计算，全年人均地区生产总值 17069 元，同比增长 7.2%。

全县三次产业结构比重为 22.1 ∶ 19.7 ∶ 58.2，第一产业比重比上年下降 0.7 个百分点，第三产业比重比上年提高 1.9 个百分点。工业增加值占全县地区生产总值比重为 11.1%。第一、第二、第三产业分别拉动 GDP 增长 0.9 个、0.6 个、4.9 个百分点，三次产业对经济增长的贡献率分别为 13.8%、9.6% 和 76.6%。

2018 年全县共接待国内外游客 379.44 万人次，实现旅游收入 22.1 亿元，分别比上年增长 17.4% 和 22.6%。全年投入资金近10亿元，加快推进景区景点建设，着力完善基础配套设施，里耶古城、惹巴拉、乌龙山大峡谷、太平山等重点景区基本成形，洛塔石林园区地质遗迹保护项目全面完成，茨岩塘红色遗迹遗址保护和红色旅游开发协调发展。里耶古城成功获批国家4A级景区，茨岩塘湘鄂川黔革命根据地成功入选“潇湘红八景”，茅坪乡干坝村、洛塔乡楠竹村成功创建全州休闲农业旅游示范村。

三　龙山县脱贫创新点

为深入贯彻落实党中央、国务院新阶段扶贫开发决策部署，龙山各村、各乡镇相继制订了扶贫攻坚战略计划。

（一）精准扶贫精准脱贫治理体系

1. 着力落实责任

始终坚持以习近平扶贫思想为指引，进一步提高政治站位，严格按照“五级书记抓扶贫、全党动员促攻坚”的要求，切实担负起脱贫攻坚的政治责任，层层签下责任状。“五级书记”如下。

省委书记→市委书记→县委书记→乡党委书记→村党支部书记

压实领导责任。县扶贫开发和脱贫攻坚领导小组，实行“双组长”制，由县委书记、县长任组长，县委副书记任常务副组长，确定了县、乡两级党委副书记专抓扶贫，原则上不分管其他工作。实行县级领导“包乡包深度贫困村”责任制，每个乡镇（街道）、每个深度贫困村都有一名县级领导全面负责该乡该村脱贫攻坚工作。

压实各级各部门责任。颁发一系列文件，如《关于进一步落实脱贫攻坚责任制的通知》《龙山县脱贫攻坚五级工作责任清单》等，明确了各部门在脱贫攻坚工作中的职能责任和帮扶责任，细化了县直单位、乡镇（街道）、扶贫工作队及乡镇（街道）联村驻村干部、村（社区）干部、结对帮扶干部的具体职责任务。特别是将村（社区）作为脱贫攻坚的第一前沿阵地，充分压实主体责任、发挥主体作用。

充分调动全县干部主动性。实行脱贫攻坚考核结果与干部绩效考核资金挂钩制度，乡镇（街道）、村（社区）每被通报表扬一次，相关县级领导和乡镇（街道）、县直驻村帮扶后盾单位的所有干部全年绩效资金上浮 10%；每被通报批评一次，全年绩效资金下调 10%。2018 年，已对 17 名包乡包村县级领导、17 个乡镇（街道）、54 个驻村扶贫县直部门上浮绩效考核资金；已对 4 名包乡包村县级领导、4 个乡镇（街道）、7 个驻村扶贫县直部门下调绩效考核资金。同时，严肃执纪问责，以开展“脱贫攻坚作风建设年”活动为契机，集中力量解决扶贫领域存在的责任落实不到位、雁过拔毛等各种突出问题。

2.“三个围绕”落实政策

严格对照“户脱贫、村出列、县摘帽”标准，始终坚持因村制宜、因户施策、因人帮扶，既不吊高胃口，也不降低标准。

第一，围绕“一超过、两不愁”，重点抓“两业扶贫”。在产业扶贫上，严格按照省委“四跟四走”产业扶贫要求，巩固提升百合、柑橘、烟叶等特色产业，大力发展油茶、茶叶、中药材、中峰等新兴产业，通过采取直接帮扶、委托帮扶、股份合作等方式，多途径助力贫困农户脱贫，提升产业发展对稳定脱贫的支撑力。

百合、柑橘、烟叶常年种植面积分别稳定在 8 万亩、14 万亩、6 万亩以上，总产值达 16 亿元以上。出台了支持发展油茶、茶叶、中蜂、中药材等特色产业的相关政策文件，全县新发展油茶 20235 亩，新发展罗汉果、吴茱萸、黄精、玄参、白术等中药材 1.5 万亩，新发展中蜂 4424 群，建设 6000 亩茶叶示范基地。在就业扶贫方面，重点深化与“珠三角”、长株潭和济南市中区等地区的劳务协作，同时加快县内工业集中区、扶贫产业园和“扶贫车间”建设，让贫困户就地就近就业，全县贫困劳动力外出务工达 5 万余人。

龙山县惹巴妹手工织品有限公司在全县设立了 9 个扶贫车间，带动了 326 名贫困户脱贫，公司法人代表谭艳林荣获“全国脱贫攻坚奋进奖”。对农村低保对象进行了全面甄别清理，重新认定社会保障兜底户 1333 户 3577 人，并将补助标准提高到 3960 元 / 人 · 年。

第二，围绕“三保障”，实施“四大工程”。

教育发展。建立健全从学前教育到大学教育全覆盖助学体系，为 2.46 万名贫困学生发放教育补助 4516.725 万元，为 894 名贫困大学新生给予一次性救助 385.9 万元，为 2701 名贫困职业教育学生落实“雨露计划”补助 675.25 万元。

医疗救助。所有贫困对象由财政全额代缴城乡居民医保，并按每人 60 元的标准购买“扶贫特惠保”，在全面落实基本医疗保险、大病保险、扶贫特惠保、民政救助、大病救助、定点医院减免等多重保障后，对建档立卡贫困户、低保对象执行住院总费用 85% 的兜底报销保障政策，并实行“一站式结算”和“先诊疗后付费”制度。2018 年，县财政共为贫困对象全额代缴保费 2213.96 万元；共有 12494 人次建档立卡贫困户住院，住院总费用达 4307.96 万元，报销总额达 3683.29 万元，报销比例达 85.50%。

易地扶贫搬迁。省下达龙山县“十三五”期间搬迁任务为 12249 人，2017 年已累计搬迁入住 8990 人，剩下 3259 人计划 2018 年全部完成搬迁，目前安置区主体建设已基本完成，12 月底可搬迁入住。

农村住房安全保障。2018 年省下达龙山县 4 类重点对象危房改造任务数 3047 户，目前已竣工 2717 户、入住 2325 户，拨付危房改造资金 8841 万元，其余正在加快推进，预计 12 月底可全面完成危房改造任务。

第三，围绕“两个完善”，重点推进“两大建设”。在基础设施建设方面，严格按照“村出列”标准，统筹推进全县所有贫困村与非贫困村的水、电、路、通信等建设。2018 年，投入资金 2.5 亿元，新修、硬化村组道路 625 公里，解决了 81 个村 245 个自然寨 2.3 万贫困人口的通路难题；投入资金 0.79 亿元，解决了 3.8 万人饮水安全问题。在公共服务建设方面，全县新建 309 个、改造 56 个村级综合服务平台，每个平台建有 1 栋综合楼、1 个舞台和 1 个运动场，配备有村级便民服务中心、卫生室、广播室、会议室、图书室、民兵活动室、老年活动室、村两委办公室、电商服务站等功能室，将一次性解决农村公共服务、便民服务等平台建设问题。

3. 下“绣花”之功，从基础做起

高度重视基础工作，将其作为脱贫的关键环节来抓。工作队、驻村干部扎根到村，扶贫脱贫工作落实到户。

第一，突出抓好驻村扶贫。选派了 187 个县工作队，加上 40 个省、州工作队，驻村帮扶 227 个贫困村；选派了 164 个县、乡镇工作队，驻村帮扶 164 个非贫困村，杜绝了帮扶“死角”和“盲区”。同时，招募了 208 名大学生志愿者驻村服务，选派了 328 名新进机关事业单位工作人员驻村锻炼，动员了全县近 8000 名党员干部开展结对帮扶，做到了驻村帮扶、驻村锻炼、驻村服务、结对帮扶“四个全覆盖”。

县财政每年预算安排 3000 万元，按照每村每年 4 万元、每人每晚宿村 100 元的标准，全额保障驻村队员的驻村工作经费和宿村补贴。加强了督查巡查和考核激励，在全州首创周一、周三全县宿村督查日制度，推行“三段式”督查机制，即乡镇（街道）负责宿村督查日检查，县纪委派驻纪检组定期或不定期巡查，县扶贫办、县精准脱贫攻坚办、县驻村办随时抽查，对表现优秀的干部提拔重用，对“驻村不入户”“读跑学”“搞遥控指挥”等作风不实的干部及时调整。2018 年以来，从脱贫攻坚一线提拔重用干部 14 人，调整工作队员 149 人次。

第二，突出抓好数据管理。建立了扶贫数据常态化比对机制，每个乡镇（街道）、行业部门明确了 2~5 名扶贫信息员，常态化做好“横向”“纵向”信息比对。建立了信息共享部门联席会议制度，每月定期召开联席会议，通报比对情况，交办疑点问题。通过信息比对，共发现 1.2 万余条疑点问题，全部交办整改到位。

第三，突出抓好动态调整。定期开展“回头看”，要求驻村扶贫队员“一月一走访、问题一月一排查、情况一月一上报”，切实解决错评、漏评、错退等问题。2018 年以来，全县共清退不符合条件对象 1470 人，整户新识别纳入 133 人，单个贫困人口补录 636 人，自然增加 879 人，自然减少 2276 人，返贫 97 人。

第四，突出抓好问题整改。建立健全了扶贫问题和涉贫信访核实处置机制，全面整改落实各级反馈问题。截至 2018 年 10 月末，先后收到审计署驻长沙特派办、审计署审计结果公告、中央预算执行和其他财政收支审计工作报告、中央第八巡视组反馈意见、2017 年全省党委和政府考核结果、全省脱贫攻坚集中约谈等不同口径反馈交办问题，经梳理，去掉重合的，实际问题为 38 个，除 3 个属于工程类的审计支出问题正在整改外，其余 35 个全部整改到位。

4. 抢抓帮扶机遇，提高扶贫质量

对标国家农业农村部、长沙市和济南市中区对口帮扶的机遇，切实做好协调对接和保障落实工作，凝聚攻坚合力，实现借力借帆。截至 2018 年 11 月，长沙市共到位帮扶资金1.51亿元，其中投入产业帮扶资金1.17亿元，重点支持龙山县发展了茶叶、油茶、中蜂、黄桃、锥栗、迷迭香、羊肚菌等产业，主要采取了“出租土地＋务工＋分红”“政府引导＋企业扶贫投资＋合作社培管＋农民分红”等经营模式，构建了利益联结机制，为贫困村集体经济和贫困户带来了收益。

（二）三个“突出抓好”脱贫

1. 突出抓好六大产业脱贫

挖掘贫困地区的“内生动力”，转变了几十年来形成的“等靠要”思想。经过多年发展，已形成百合、烤烟、柑橘、蔬菜、中药材、特色养殖六大产业。龙山县拥有特色产业基地40多万亩，覆盖贫困户2万余户，农民每年的产业收入人均可达3000多元。经过反复调研、论证，龙山县改变过去单纯给钱、给物的扶贫做法，鼓励贫困群众结合当地的资源优势和产业特色，根据贫困户实际，宜工则工、宜种则种、宜养则养，通过专业合作社、家庭农场等新型农业经营主体的带动，发展特色种植、养殖，帮助贫困群众通过自身发展实现稳定脱贫。

2. 突出抓好易地搬迁脱贫

龙山县11个集中安置点已陆续开工建设。对居住在生存条件恶劣、自然灾害频发地区的贫困群众，实现脱贫最有效、最彻底、最经济的办法就是易地搬迁，让迁入困难群众通过发展生产、转移就业等有稳定收入，实现贫困户迁得出、稳得住。

3. 突出抓好特殊救助脱贫

龙山县出台了“十项工程”相关扶持政策，加快建立社会救助体系，增强特殊救助能力，对特困户需要靠保障兜底的，尽可能全家都保，建立起农村低保和扶贫开发的数据互通、信息共享平台，保障贫困群众的基本生活。

四　龙山县扶贫脱贫模式

2017年，龙山县召开县委常委扩大会议，学习习近平总书记关于深度贫困地区脱贫攻坚的重要讲话精神。强调全县各级各部门要深刻认识到打赢脱贫攻坚战的艰巨性、重要性、紧迫性，深入学习贯彻习总书记精准扶贫战略思想，特别是深度贫困地区脱贫攻坚座谈会精神，按照中央、省委系列决策部署，坚持“帮扶要精准、增收要稳定、保障要兜底、脱贫要真实、群众要满意”的工作要求，纵深推进发展生产、转移就业、易地搬迁、教育帮扶、医疗救助、社会保障等精准脱贫“十项工程”，集中力量攻坚，万众一心克难，加快攻克深度贫困堡垒，确保按照既定时间节点完成脱贫攻坚任务。会议下发了《关于组织对全县精准识贫上报数据进行全面复核的紧急通知》《关于全力做好精准扶贫迎国检相关工作的紧急通知》《龙山县党政主要领导干部带头开展脱贫攻坚“三走访三签字”工作方案（送审稿）》等文件。全县上下认真学习贯彻习总书记精准扶贫战略思想，特别是深度贫困地区脱贫攻坚座谈会上的重要讲话精神，扎实开展精准脱贫全面复核工作，认真落实“三走访三签字”要求，继续保持工作定力，用优异的成绩“迎国检”，确保打赢漂亮“翻身仗”。围绕脱贫攻坚战，把更大精力、更多财力投入支持贫困地区发展和贫困人口脱贫致富中，不断提高扶贫工作质量和水平。围绕转型升级战役，提升创新素质，增强内生动力和核心竞争力，不断提高有效供给能力。围绕环境治理战役，继续实施生态环境保护和治理“一号重点工程”，统筹推进洞庭湖水环境综合治理专项，抓好大气、水、土壤污染防治，让绿水青山成为湖南亮丽的名片。实施基础设施建设扶贫行动，破除贫困地区发展瓶颈制约；实施产业和就业扶贫行动，着力促进贫困人口创业就业；实施教育扶智扶贫行动，阻断贫困“代际传递”；实施医疗健康扶贫行动，有效遏制和阻止因病致贫、因病返贫；实施财政金融扶贫行动，确保投入力度与扶贫攻坚相适应；实施社会保障兜底扶贫行动，稳步提升托底保障水平；实施社会力量包干扶贫行动，加快形成专项扶贫、行业扶贫、社会扶贫有机结合、互为支撑的“三位一体”大扶贫格局；实施特困地区特困群体扶贫行动，深入推进大规模、区域性、产业化连片开发；实施党建扶贫行动，实现党的组织和党的工作对贫困村的有效覆盖。

近年来，龙山县着力扶贫攻坚，全县先后有10万人口解决了温饱问题。龙山县积极调结构、转方式、壮产业、惠民生，发展速度和发展质量明显提升。但由于历史、地理等原因，发展水平仍然不高，是国家扶贫开发工作重点县和湖南省扶贫攻坚湘西地区的主战场。

龙山县突出抓好项目实施、驻村扶贫和结对帮扶三大重点，全年完成了35752名建档立卡贫困人口预脱贫（超省任务44.8%）。2016年经湖南省扶贫办认定成功减贫7130户27086人，35个贫困村顺利摘帽，贫困人口减少到2.6万人，人均可支配收入达到7735元，增速达12.6%，超过全省农村居民人均可支配收入增速（8.5%），脱贫攻坚工作取得了明显成效。

（一）产业扶持脱贫

挖掘贫困地区的“内生动力”，转变了几十年来形成的“等靠要”思想。经过多年发展，目前已形成百合、烤烟、柑橘、蔬菜、中药材、特色养殖六大产业。如今，龙山县拥有特色产业基地40多万亩，覆盖贫困户2万余户，农民每年的产业收入人均可达3000多元。经过反复调研、论证，龙山县改变过去单纯给钱、给物的扶贫做法，鼓励贫困群众结合当地的资源优势和产业特色，根据贫困户实际，宜工则工、宜种则种、宜养则养，通过专业合作社、家庭农场等新型农业经营主体的带动，发展特色种植、养殖，帮助贫困群众通过自身发展实现稳定脱贫。

（二）易地搬迁脱贫

目前，龙山县11个集中安置点已陆续开工建设。对居住在生存条件恶劣、自然灾害频发地区的贫困群众，实现脱贫最有效、最彻底、最经济的办法就是易地搬迁，让迁入困难群众通过发展生产、转移就业等有稳定收入，实现贫困户迁得出、稳得住。

（三）特殊救助脱贫

龙山县出台了系列扶持政策，称为“十一项工程”。建立社会救助体系，增强特殊救助能力，对特困户需要靠保障兜底的，尽可能全家都保，建立农村低保与扶贫开发数据互通、信息共享平台，保障贫困群众的基本生活。“十一项工程”如下。

（1）发展生产脱贫工程

（2）休闲农业旅游脱贫工程

（3）转移就业脱贫工程

（4）易地搬迁脱贫工程

（5）教育发展脱贫工程

（6）医疗救助帮扶工程

（7）生态补偿脱贫工程

（8）社会保障兜底工程

（9）基础设施配套工程

（10）公共服务保障工程

（11）农村住房保障工程

五 龙山县脱贫认定标准

（一）贫困村的退出标准

主要根据贫困发生率和村级集体经济收入这两项指

标确定。贫困村贫困发生率［贫困发生率 =（建档立卡系统内未脱贫人口 + 错退人口 + 漏评人口）/ 全村农业户籍人口数 ×100%］降至 2% 以下，当年村集体经济收入达到 4 万元以上（不包括转移支付收入），通村道路畅通，人畜饮水安全，生产生活用电有保障，住房安全，就学就医方便，新农合以及养老、低保、五保等政策落实到位。

（二）贫困人口的退出标准

贫困人口以户为单位确定脱贫退出。要求通过贫困人口自身努力，以及政府、社会各界的有效帮扶，贫困人口实现不愁吃、不愁穿，义务教育、基本医疗和住房有安全保障，家庭年人均纯收入成果稳定超过国家扶贫标准，家庭无因贫困辍学学生等。

（三）国家级贫困县

国家级贫困县，也称国家扶贫工作重点县，是国家为帮助贫困地区设立的一种标准，根据此标准，经国务院扶贫开发领导小组办公室认定为贫困县。少数民族自治地区有不同的评定标准，称民族自治地方国家扶贫工作重点县。截至 2019 年 1 月，全国各省份国家级贫困县 618 个。[①] 各省份国家级贫困县分布见图 3-1。

国家级贫困县数量排名前五位的分别是西藏自治区

① 《2019 国家级贫困县完全名单，哪个省市的国家级贫困县最多？》，忻城家园网，2019 年 4 月 13 日。

（69 个）、云南省（67 个）、陕西省（50 个）、贵州省（47 个）、甘肃省（43 个）。湖南省有 20 个国家级贫困县，龙山县亦位列其中，拟于 2019 年脱贫出列。

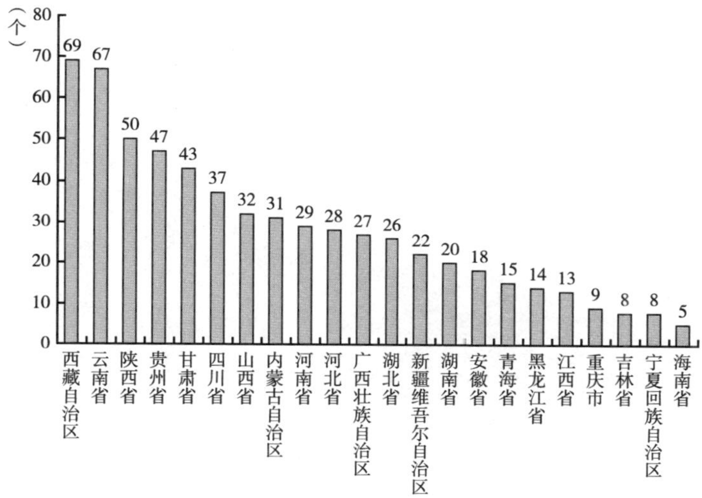

图 3-1　全国各省份国家级贫困县数量

资料来源：根据《2019 国家级贫困县完全名单，哪个省市的国家级贫困县最多？》整理。

第四章

双进村精准扶贫精准脱贫进程

召市镇基本概况。[①] 召市镇位于龙山县中部，距龙山县城 42 公里，下辖有 32 个村、4 个社区、28 个行政村。178 个村民小组，是土家族、苗族、汉族等民族杂居之地。

2006 年区划调整时，将原瓦房乡、辽叶乡合并到召市镇后，人口众多。2018 年总人口 5.1 万人，共 8400 户，劳动力 15701 人，是龙山县建制镇人口最多的镇。召市镇总面积 230.3 平方公里，有水田面积 26205 亩，旱地面积 11265 亩。

召市镇在党和政府的正确领导下，和谐相处，艰苦奋斗，为召市的经济社会发展做出了应有贡献。20 世纪 90

① 召市镇党建网。

年代中期，当地党委、政府多方筹资400多万元，修建了2公里的十字街，修建了占地面积9000多平方米的农贸市场，建造了3座桥梁。召市镇共设1个党委、41个党支部，共有党员868名，其中流动党员119名。

2000年以来，召市镇党委、政府科学论证，精心规划，招商引资500多万元，兴建了占地50多亩的全兴路，为召市集镇扩容提质、市场繁荣拓展了新途径。修筑村、组公路68条210多公里，修筑水库5座，山塘22口，水渠2条26000多米，水沟58条19800米，建设了35千伏安变电站。国家投资700多万元，社区、前卫、堰塘、新园、大兴5个村进行了耕地整理，硬化了火召、召辽公路23公里，村庄道路硬化1300多户25000多米，实施了川洞、红卫、托利湖、新园村安全饮水工程，改造了镇自来水设施。

召市镇农作物以水稻为主，小麦、玉米、红薯、马铃薯占一定比例；经济作物有烤烟、辣椒、百合、生姜、青蒿等。退耕还林总面积43558亩。召市镇是全县项目生产和农副产品加工集散地之一。

近年来，召市镇党委、政府一手抓精准扶贫精准脱贫工作，一手抓五大产业。一是烤烟产业，种植面积近8000亩，产烟叶200多万斤，实现产值近2000多万元。二是百合产业，种植面积4500多亩，实现产值近2000多万元。三是辣椒产业，种植面积3000多亩，覆盖全镇，实现产值近1000多万元。四是养殖业，实现产值2000万元。农副产品加工及养殖基地7个，辣椒粗加工和粉丝加工已成规模，成为该镇的龙头产业。五是劳务产业，近万名外出务工人员，劳务收入可突破亿元。调查统计，2017 年 GDP 可达 2 亿多元，地方财政收入可达 500 多万元，农民人均纯收入达 2000 多元，百万资产 47 户。

多年来，各届党委、政府带领人民发展生产、发展经济，社会各项事业得到了全面发展。兴修学校 5 所，幼儿园 11 所。建设了镇文化活动广场，修建了敬老院，使农村五保老人生活有保障。

第一节　双进村实施扶贫脱贫现状

双进村位于湖南龙山县中部的召市镇，属山区地形。总面积 9 平方公里，距县城 40 公里。双进村有 5 个自然寨，13 个村民小组。耕地面积 1043 亩，有效灌溉面积 780 亩，油茶产业总亩数 989 亩，入集体合作社 396 户，山林面积 1300 亩。农户对外流转耕地面积 285 亩，参与耕地林地等流转农户数 78 户。

2017 年 7 月，调研课题组入村进行访谈调研，采集人口、经济发展、精准扶贫精准脱贫相关信息。通过对双进村以及相关精准扶贫参照数据的研究，本文分析了双进村扶贫成效。

本次调查共发放 80 份问卷，回收有效问卷 60 份（60 户）。全样本中，建档立卡户 40 个样本、非贫困户 40 个样本。有效问卷中建档立卡户30个样本、非贫困户30个样本。本次入户调研共60户210人。

一 双进村人口状况

全村644户，其中353户是少数民族户。总人口2420人，其中少数民族人口1560人，土家族居多。五保户2户2人，低保户21户24人，建档立卡贫困户63户256人，实际贫困人数256人。劳动力1230人，扶贫对口外出务工495人，主要从事农业、建筑业劳动。

二 双进村农业生产

农作物以水稻、玉米为主，红薯、马铃薯占一定比例；经济作物有烤烟、辣椒、百合、生姜、青蒿等。水稻玉米种植面积1043亩，亩产500公斤。生猪1000头，农副产品加工及养殖基地1个，专业大户1户。

三 双进村基础设施建设

通村道路11公里，村组路长6公里，未硬化路段0.5公里。村内无可用路灯。全村590户通电覆盖，使用卫星电视机590台。全村有电脑家庭35户，已经使用网络户占比18.31%（见图4-1）。手机通信覆盖率100%，其中使用智能手机120人。卫生室1个，村医生1人，当前身

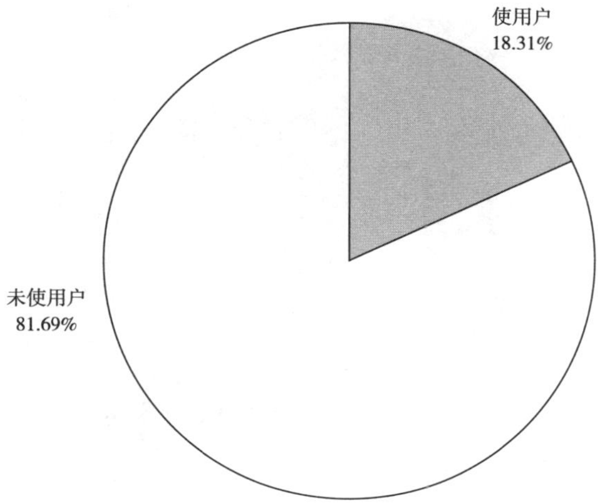

图 4-1　双进村网络使用情况

资料来源：笔者根据访谈以及村委会填写的问卷调查整理，2017 年 7 月。

患大病 21 人，村外敬老院居住 5 人。社区服务中心 1 个（见图 4-2 至图 4-4）。

图 4-2　双进社区服务中心

（黄远伟拍摄，2019 年 10 月）

图 4-3　双进村领导班子成员及扶贫驻村工作队

（黄远伟拍摄，2019 年 10 月）

图 4-4　双进村社区便民服务中心

（双进村提供，2019 年 10 月）

四　双进村村庄治理

全村党员 25 人，其中 50 岁以上党员 14 人，高中文化以上党员 11 人。村支委 5 人，村民委员会 4 人，村民代表 13 人。

全村 2420 人，党员只有 25 人，仅占全村人口的 1.03%。近 100 人中有 1 名共产党员，党员力量略显薄弱。在上级政府的指导下，村党员干部坚守脱贫攻坚第一线，计划到 2019 年全村脱贫出列。

五　双进村教育文化

调查结果显示，全村 3~5 周岁儿童 61 人，无辍学现象。本村设有幼儿园 1 所，托儿费 4000 元 / 年，托儿费对于村收入来说偏高。

小学生 158 人，在乡镇小学上学 158 人，小学阶段没有失学学生。初中阶段 72 人，在乡镇中学就读 40 人，在县城中学就读（寄宿）32 人（见表 4-1）。双进村的适龄生基本就学，没有能力负担学费的学生已得到教育补助经费。

表 4-1　双进村教育文化程度

项目	数量	项目	数量
3~5 周岁儿童人数（人）	61	辍学儿童	0
幼儿园在园人数（人）	380	幼儿园收费标准（元 / 年）	4000
本村幼儿园托儿所数量（个）	1	学前班在学人数（人）	200
小学阶段人数（人）	158	在乡镇小学上学人数（人）	158
初中阶段在乡镇中学上学人数（人）	40	初中阶段在县城中学上学人数（人）	32
村文化站藏书量（册）	1200	月平均使用人次	160

资料来源：笔者根据访谈以及村委会填写的问卷调查整理，2017 年 7 月。

六 双进村建档立卡贫困人口情况

入村调研访谈时，村两委介绍了全村精准扶贫精准脱贫的变化。2011 年前，没有一栋像样的房子，没有电网，全村多是土路，饮水有问题。在精准扶贫政策扶持下，2011 年以后，双进村进行了农网改造，修建了 6 条水泥路，安装 20 多盏路灯，修建水渠 2500 多米。2018 年为 185 户修建了入户路，入户路达到 98%。积极发展特色产业，种植百合、柑橘、烟叶等销售到省内外。修建了村部 1 所、文化广场 1 座等。

2017 年，落实危房改造 15 户，硬化道路 2130 米，完成了 9~13 组路灯安装。昔日的贫困村“旧貌换新颜”，村庄井井有条，干净卫生（见图 4–5 至图 4–8）。随着社会经济的发展，双进村农民年人均纯收入达 3800 元，村民温饱问题得到了解决，生活水平逐年提高。但是村集体没有固定的经济来源，一直没有摆脱贫困局面。2014~2017 年建档立卡贫困人口情况见表 4–2。

表 4–2 建档立卡贫困人口情况（2014~2017 年）

项目		2014 年	2015 年	2016 年	2017 年
贫困户数（户）		65	65	65	63
贫困人口数（人）		279	279	280	258
贫困户主要致贫原因	因病致贫（%）	38	38	38	40
	因学致贫（%）	28	28	28	25
	因缺劳动力致贫（%）	34	34	34	35
脱贫户数		0	25	40	10
其中：发展生产脱贫（户）		0	10	11	2
其中：转移就业脱贫（户）		0	15	29	8
相关脱贫人口数		0	121	158	40

资料来源：笔者根据 2017 年 7 月 22 日访谈、村委会填写的问卷调查、2018 年 12 月 30 日追加调研的数据整理。

图 4-5　扶贫攻坚后的双进村

（黄远伟拍摄，2019 年 10 月）

图 4-6　脱贫户的房屋改造（饭厅）

（黄远伟拍摄，2019 年 10 月）

图 4-7　脱贫户的房屋改造（起居室）

（黄远伟拍摄，2019 年 10 月）

图 4-8　脱贫户的新房屋

（黄远伟拍摄，2019 年 10 月）

2017年龙山县加快推进精准扶贫进程，双进村主要开展的扶贫措施如下：严格按照“转、扶、搬、保、救”五条途径，因地制宜、因户施策、分类推进、狠抓落实，做到“三个突出”，即突出抓好产业扶持脱贫、突出抓好易地搬迁脱贫、突出抓好特殊救助脱贫，确保2019年贫困户全部脱贫。

七　双进村精准扶贫精准脱贫运作模式

（一）特色产业扶持脱贫

龙山县拥有特色产业基地40多万亩，覆盖贫困户2万余户，农民每年的产业收入人均可达3000多元。经过反复调研、论证，龙山县改变过去单纯给钱、给物的扶贫做法，鼓励贫困群众结合当地的资源优势和产业特色，根据贫困户实际，宜工则工、宜种则种、宜养则养，通过专业合作社、家庭农场等新型农业经营主体的带动，发展特色种植、养殖，帮助贫困群众通过自身发展实现稳定脱贫。

双进村挖掘贫困地区的“内生动力”，转变了过去长期以来形成的“等靠要”思想。经过多年发展，目前已形成百合、烤烟、柑橘、蔬菜、中药材、特色养殖六大产业。2018年11月成立龙山县双进油茶种植农民专业合作社，实施全覆盖种植油茶，总面积达到1200亩，参与油茶合作社贫困户63户，非贫困户510户（见图4-9）。

图 4-9 特色产业扶持脱贫（油菜田）

（双进村提供，2019 年 3 月）

（二）就业脱贫

龙山县实现最有效脱贫、最彻底脱贫、最经济脱贫的办法就是推动转移就业，让困难农民通过转移就业达到生活有稳定收入。在龙山县扶贫工程的推进下，双进村扶贫对口外出务工 495 人，主要从事农业、建筑业劳动。

（三）特殊对象救助脱贫

龙山县出台了“十一项工程”，即发展生产脱贫工程、休闲农业旅游脱贫工程、转移就业脱贫工程、易地搬迁脱贫工程、教育发展脱贫工程、医疗救助帮扶工程、生态补偿脱贫工程、社会保障兜底工程、基础设施配套工程、公共服务保障工程、农村住房保障工程。

在县“十一项工程”的实施推动下，建立社会救助体系，增强特殊救助能力，对特困户需要靠保障兜底的尽可能全家都保，建立农村低保和扶贫开发的数据互通、信息共享平台，保障贫困群众的基本生活。

（四）发展横向经济联合

把贫困地区开发和发达地区发展结合起来，引进信息、资金、技术、人才和管理经验。

（五）组织对口支援

双进村与发达地区和城市的工商企业（例如湖南电力公司）、科研单位和中等专业学校、高等院校等建立长期联系，形成对口支援。组织能工巧匠和技术力量帮助贫困地区培训技能人才。

第二节 双进村入户问卷调查数据分析

双进村问卷调查采用了PPS抽样方法，获得60户随机样本，可以用于推断全村的人口、家庭、个人健康、外出务工等情况。

一　人口基本状况

（一）双进村调查户个人样本的性别比例

此次入户调查 60 户 210 人。调查对象的人口性别，男性占 45.71%，女性占 54.29%（见图 4-10）。由此推断，双进村居民中，女性略多于男性。

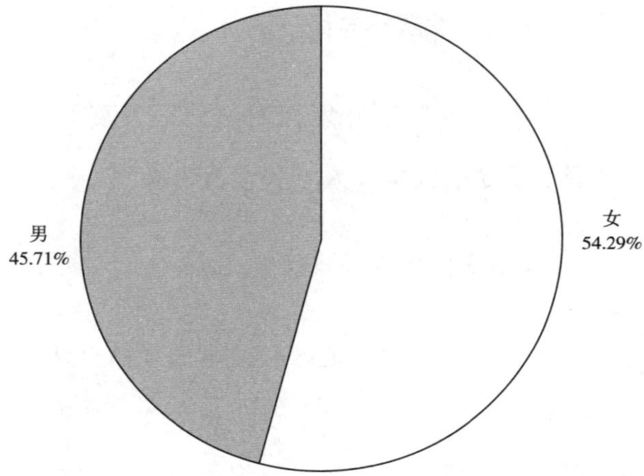

图 4-10　双进村调查户个人样本性别比例

资料来源：笔者根据访谈以及村委会填写的问卷调查整理，2017 年 7 月。

（二）双进村调查户个人样本的民族比例分布

双进村有土家族、苗族、汉族等多民族人口。2017 年双进村抽样调查数据显示的民族人口分布比例排序结果是：第一位土家族（占 47.62%），第二位汉族（占 42.86%），第三位苗族（占 6.67%），其他占 2.85%（见图 4-11）。

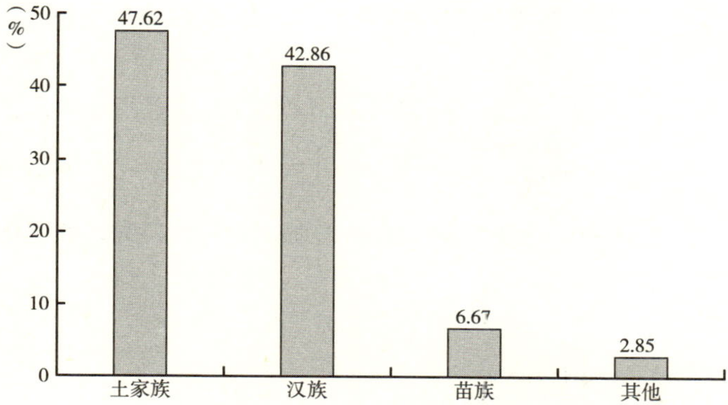

图 4-11　双进村调查户个人样本的民族比例分布

资料来源：笔者根据访谈以及村委会填写的问卷调查整理，2017 年 7 月。

（三）双进村调查户个人样本的年龄分布

按调查样本的年龄分布依次排序，第一位为 60 岁及以上年龄层，有 62 人，占调查对象总人数的 29.52%。第二位为 30~39 岁，有 37 人，占调查对象总人数的 17.62%。10 岁以下的有 27 人，占调查对象总人数的 12.86%。调查结果显示，在双进村的家庭成员中，留守儿童、留守老人居多（见图 4-12）。

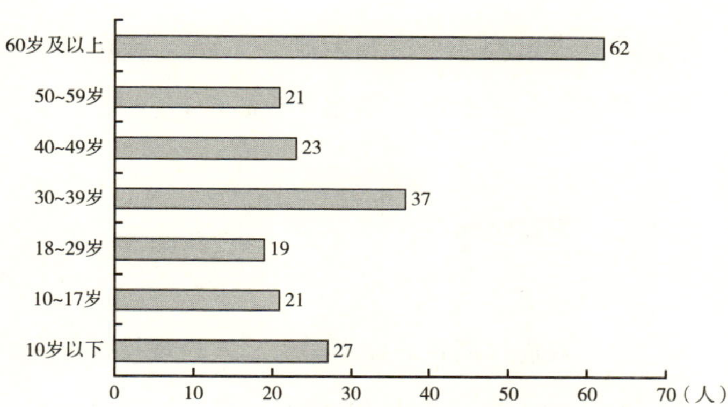

图 4-12　双进村调查户个人样本的年龄分布

资料来源：笔者根据访谈以及村委会填写的问卷调查整理，2017 年 7 月。

（四）双进村调查户个人样本的教育程度

样本统计结果显示，双进村初中（小学）文化程度者占 66.66%，高中（中专）文化程度者只占 15.01%，文盲占 18.33%（见图 4-13）。这表明，全村人口的教育文化程度偏低。

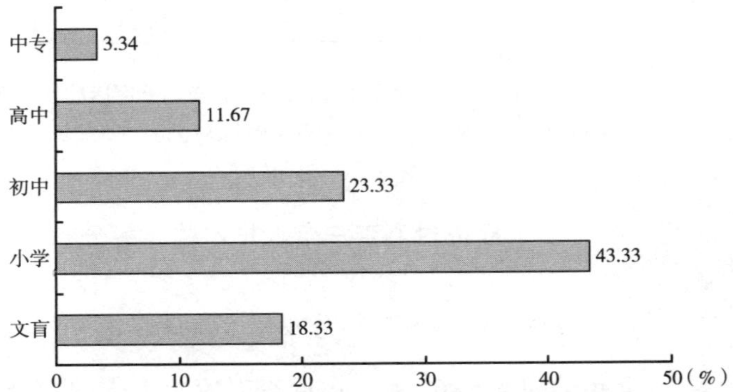

图 4-13　双进村调查户个人样本的教育程度

资料来源：笔者根据访谈以及村委会填写的问卷调查整理，2017 年 7 月。

（五）双进村调查户户主样本的主要社会状况

调查样本中户主的主要社会状况为，“普通农民”户 53 户，占比 88.33%；“村干部”户 3 户，占比 5%；“村民代表”户 3 户，占比 5%；“离退休干部职工”户 1 户，占比 1.67%。

二　家庭情况

双进村调查户样本的家庭人口规模情况为，四人户占 24.40%，二人户占 18.30%，三人户占 13.22%，一人户占 5.80%（见图 4-14）。

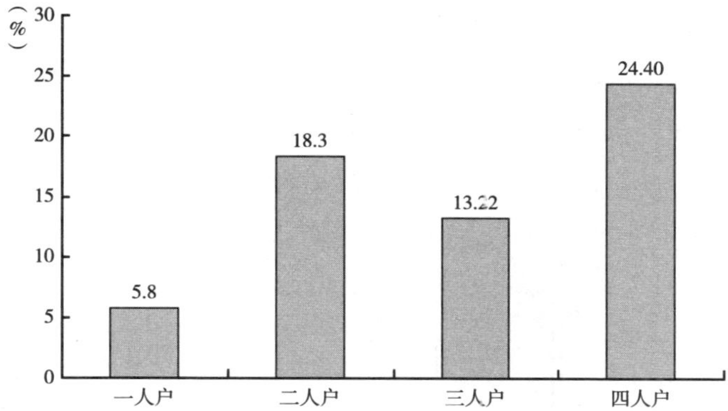

图 4-14　双进村调查户样本的家庭人口构成情况

资料来源：笔者根据访谈以及村委会填写的问卷调查整理，2017 年 7 月。

图 4-15　双进村建档立卡户的一家人

（王桥拍摄，2017 年 7 月 29 日）

三　健康状况

双进村调查户个人样本的健康情况为，健康人口占 70.48%，患有长期慢性病的占 23.81%，患有大病的占 1.9%，残疾人占 3.81%。合计患有疾病的人口比例为 29.52%，约占调查人数的 1/3。这一结果显示，双进村居民的患病比例较高，这给医疗扶贫工作增加了压力（见图 4-16）。

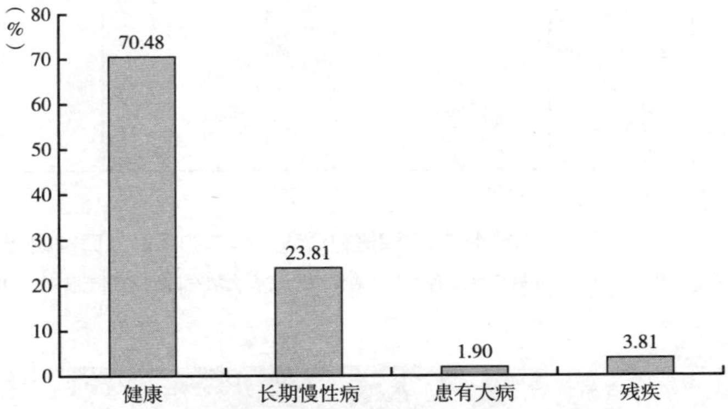

图 4-16　双进村调查户个人样本的身体健康状况

资料来源：笔者根据访谈以及村委会填写的问卷调查整理，2017 年 7 月。

双进村调查户个人样本参加健康体检状况。2016 年参加健康体检的状况，在调查的 210 人当中，未参加过体检的村民占比 91.67%，只有 8.33% 的人参加过体检（见图 4-17）。这表明，村民的体检意识还不强。

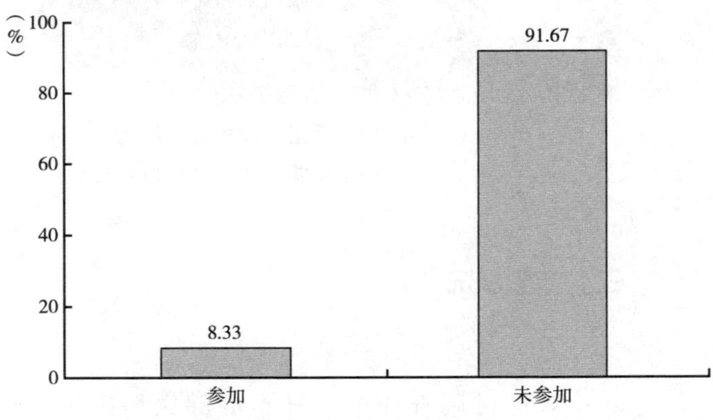

图 4-17　双进村调查户个人样本参加健康体检的状况

资料来源：笔者根据访谈以及村委会填写的问卷调查整理，2017 年 7 月。

双进村调查户个人样本的劳动能力和自理能力状况为，“普通全劳动力”占比 52.6%，“部分丧失劳动能力”占比 18.6%，“无劳动能力但有自理能力”占比 18.6%，“技能劳动力”占比 5.1%，“无自理能力”占比 5.1%（见图 4-18）。该村老年人口比例较高，部分丧失或完全丧失劳动能力的人可能多来自这个人口群体。

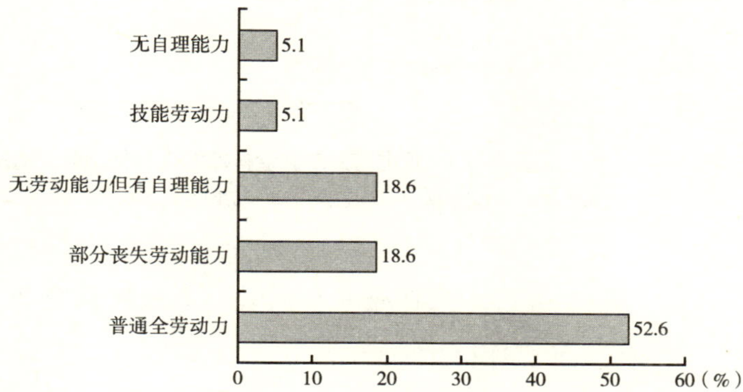

图 4-18　双进村调查户个人样本的劳动能力和自理能力状况

资料来源：笔者根据访谈以及村委会填写的问卷调查整理，2017 年 7 月。

四　外出务工情况

双进村调查样本中外出务工情况为在家务农等占比 47.68%，外出务工人员占 52.32%。其中，乡镇内务工占 11.92%，乡镇外县内务工占 7.95%，县外省内务工占 7.95%，省外务工占 24.5%（见图 4-19）。由此推断，在双进村，外出务工是多数劳动者的首选，这也反映出本地就业机会的不足。

另据对村委会的访谈调研，目前全村有 495 人在外务工，占全村人口 2332 人的 21.23%。

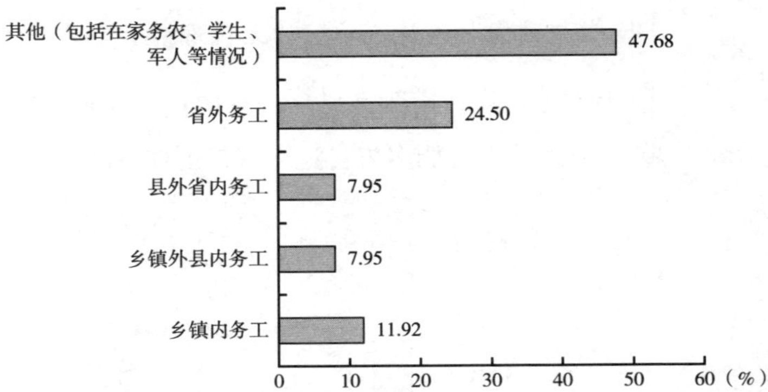

图 4-19　双进村入户调查样本的人口外出务工情况

资料来源：笔者根据访谈以及村委会填写的问卷调查整理，2017 年 7 月。

双进村入户调查对象的外出务工时间分布为，务工时间 3 个月以下的占 13.95%，务工时间 3~6 个月的占 19.77%，务工时间 6~12 个月的占 66.28%（见图 4-20）。这意味着，双进村外出者以长期在外地务工为主。

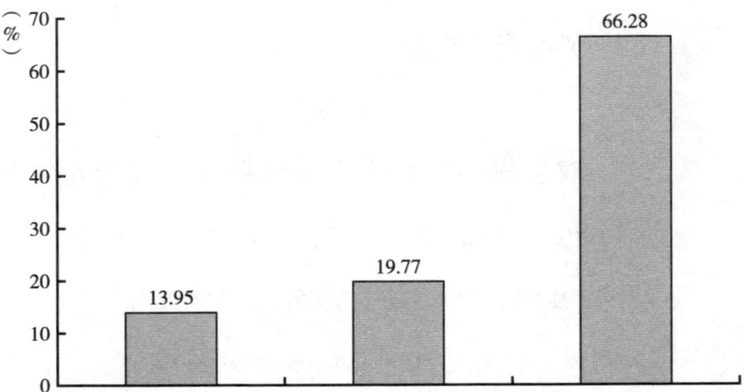

图 4-20　双进村入户调查样本的人口外出务工时间

资料来源：笔者根据访谈以及村委会填写的问卷调查整理，2017 年 7 月。

关于外出务工者收入用途，双进村入户调查样本中，48.34% 的人带回家，51.66% 的人就地使用，部分带子女一起在外务工的人员不带回家，在务工当地需要支出较高的生活费用（见图 4-21）。可以推断，双进村外出务工人员中，向家乡“汇款”和就地使用大约各占一半。

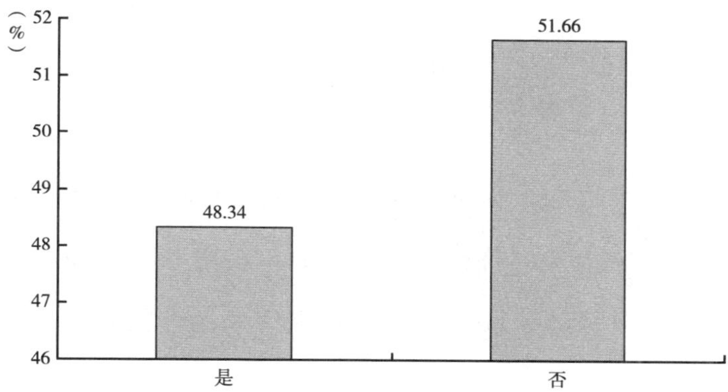

图 4-21 双进村入户调查样本的外出务工收入是否带回家

资料来源：笔者根据访谈以及村委会填写的问卷调查整理，2017 年 7 月。

五 居住状况

（1）居住满意度。双进村入户调查样本的居住满意度情况为，“非常满意”占 25%，“比较满意”和“一般满意”各占 26.67%，“不太满意”占 11.66%，“很不满意”占 10%（见图 4-22）。如果将“不太满意”和“很不满意”加总，占比达 21.66%。这反映了在双进村，住房是脱贫工作收尾需要攻坚的一大问题。

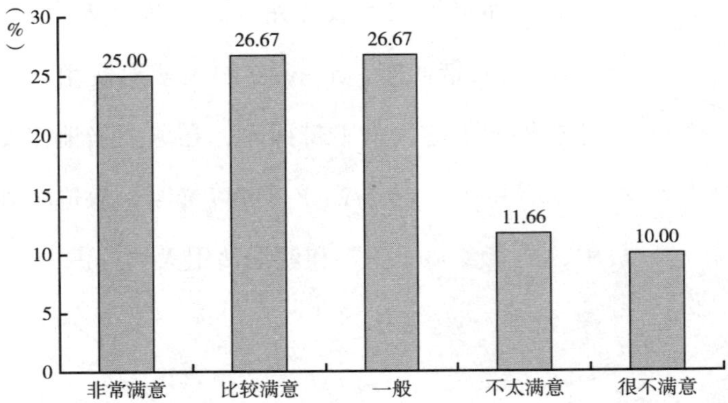

图 4-22　双进村调查户的居住满意度

资料来源：笔者根据访谈以及村委会填写的问卷调查整理，2017 年 7 月。

（2）住房来源。双进村入户调查样本统计显示，农户房屋是“自有”的占 95%，“借用 / 寄居”的占 5%（见图 4-23）。自有住房是当地的主要住房来源。

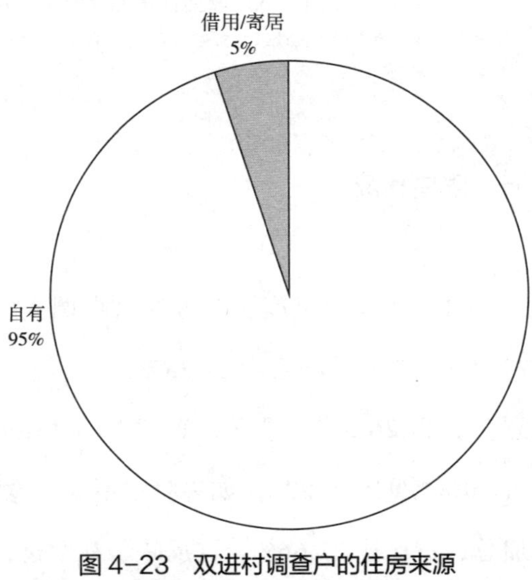

图 4-23　双进村调查户的住房来源

资料来源：笔者根据访谈以及村委会填写的问卷调查整理，2017 年 7 月。

（3）住房类型。双进村入户调查结果显示，农户房屋类型是“楼房”的占 28.3%，“平房”的占 71.7%（见图 4-24）。农户的住房类型是认定贫困户的一项重要标准。

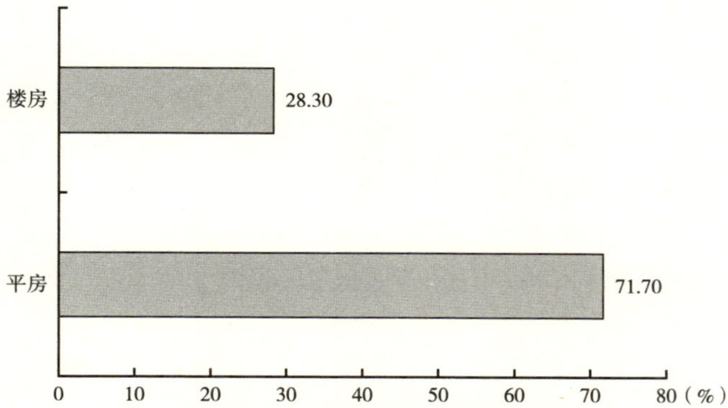

图 4-24 双进村调查户的住房类型

资料来源：笔者根据访谈以及村委会填写的问卷调查整理，2017 年 7 月。

（4）住房状况。双进村入户调查结果显示，农户房屋状况是“一般良好”的占比 84.93%，“政府认定危房”的占比 9.17%，“没有认定，但属于危房”的占比 5.9%（见图 4-25）。后两者应该属于当地的贫困户。

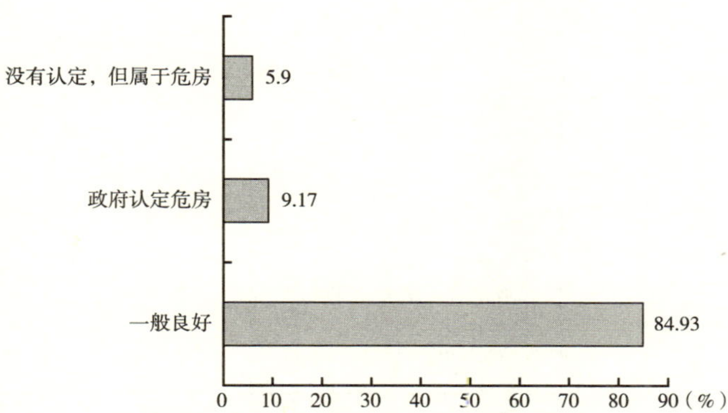

图 4-25 双进村调查户的住房状况

资料来源：笔者根据访谈以及村委会填写的问卷调查整理，2017 年 7 月。

（5）住房建筑材料。对双进村调查户样本的统计显示，农户房屋状况是“砖瓦砖木”的占比45%，“砖混材料”的占比35%，“钢筋混凝土”的占比15%，“其他”的占比3.3%，“竹草土坯”的占比1.7%（见图4-26）。

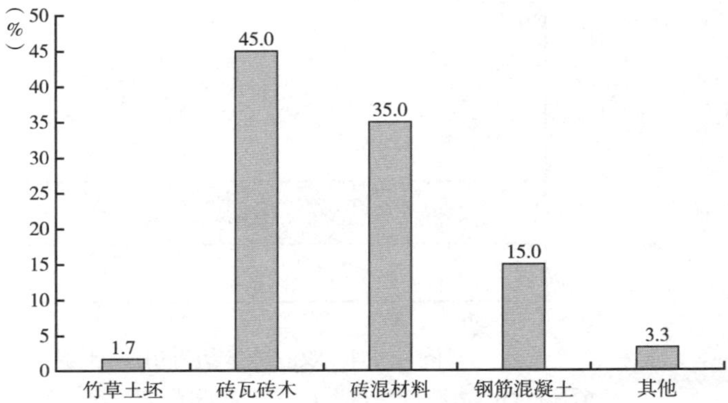

图4-26　双进村调查户的住房建筑材料

资料来源：笔者根据访谈以及村委会填写的问卷调查整理，2017年7月。

（6）主要取暖设施。对双进村入户调查的结果显示，农户取暖设施状况是“无”的有20户，占比33.33%；用“炉子”取暖的有15户，占比25%（见图4-27）。

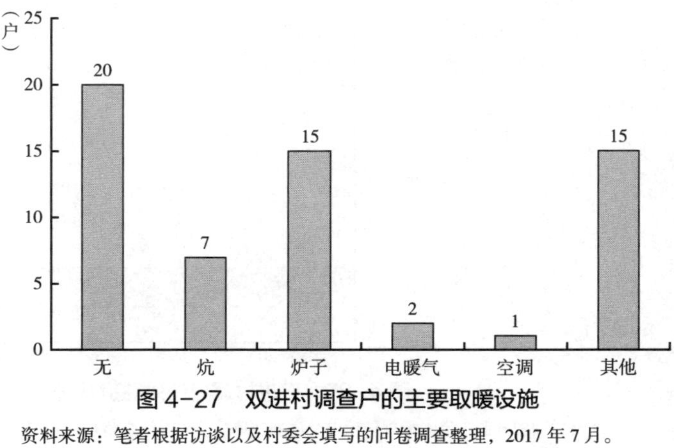

图4-27　双进村调查户的主要取暖设施

资料来源：笔者根据访谈以及村委会填写的问卷调查整理，2017年7月。

（7）是否有沐浴设施。双进村入户调查结果显示，农户沐浴设施“无”的有 28 户，占比 46.67%；使用“电热水器”沐浴的有 15 户，占比 25%；使用“太阳能”的有 6 户，占比 10%（见图 4-28）。

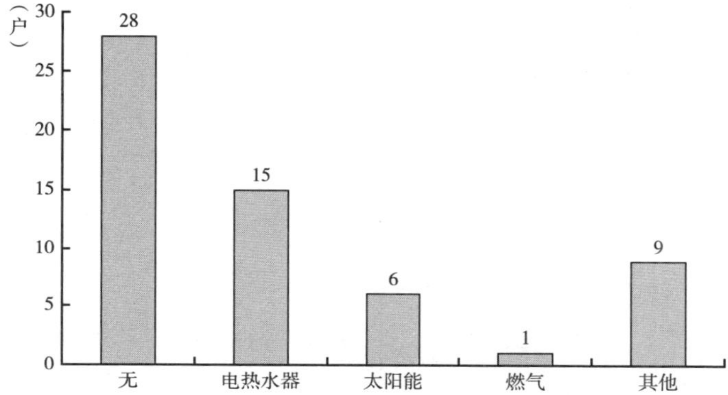

图 4-28　双进村调查户是否有沐浴设施

资料来源：笔者根据访谈以及村委会填写的问卷调查整理，2017 年 7 月。

（8）是否有管道供水。双进村入户调查结果显示，“管道供水入户”的占比为 45.46%，“管道供水至公共取水点”的占比为 35.38%，“没有管道设施”的占比为 19.16%（见图 4-29）。

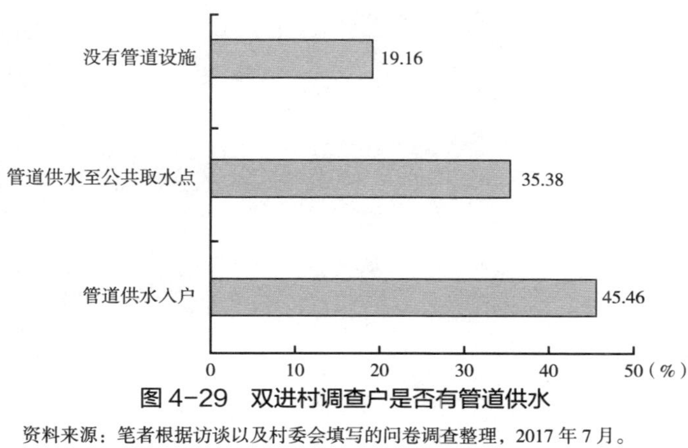

图 4-29　双进村调查户是否有管道供水

资料来源：笔者根据访谈以及村委会填写的问卷调查整理，2017 年 7 月。

（9）主要饮用水源。对 60 户的调查结果显示，32 户饮用的是“受保护的井水和泉水”，17 户饮用的是“不受保护的井水和泉水”，6 户饮用的是“经过净化处理的自来水”，4 户饮用的是“其他水源”，1 户饮用的是“江河湖泊水”（见图 4–30）。经过 2018 年精准扶贫攻坚，双进村自来水问题得到了解决（见图 4–31）。

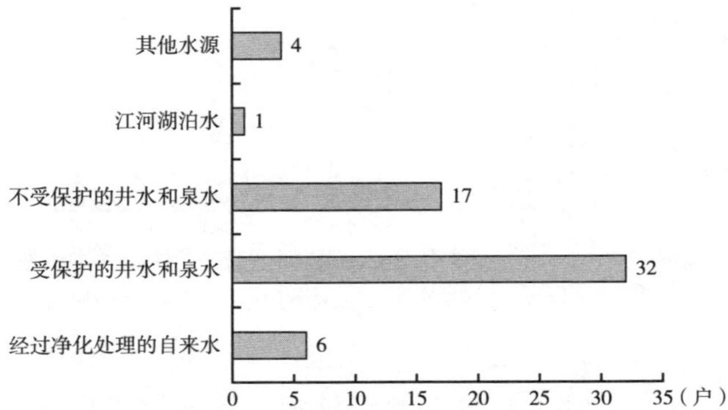

图 4–30　双进村调查户的主要饮用水源

资料来源：笔者根据访谈以及村委会填写的问卷调查整理，2017 年 7 月。

图 4–31　双进村自来水改造

（黄远伟拍摄，2019 年 10 月）

（10）是否存在饮水困难。对 60 户的调查结果显示，“单次取水往返时间超过半小时”的占比 18.64%，“间断或定时供水”的占比 22.37%，“当年连续缺水时间超过 15 天”的占比 9.50%，“无上述困难”的占比 49.49%（见图 4-32）。

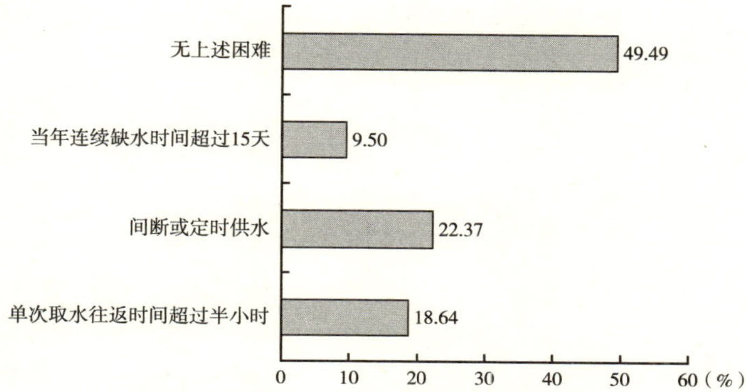

图 4-32　双进村调查户是否存在饮水困难

资料来源：笔者根据访谈以及村委会填写的问卷调查整理，2017 年 7 月。

（11）主要炊事用能源。对 60 户的调查结果显示，使用“柴草”的占比 71.70%，用“电”的占比 20%，使用“其他”的占比 3.2%，使用“罐装液化石油气”的占比 1.7%，使用“管道液化石油气”的占比 1.7%，使用“煤炭”的占比 1.7%（见图 4-33）。

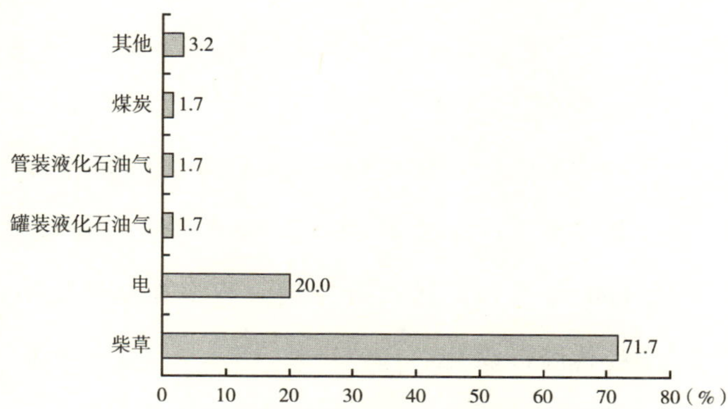

图 4-33　双进村调查户的主要炊事用能源

资料来源：笔者根据访谈以及村委会填写的问卷调查整理，2017 年 7 月。

（12）生活垃圾处理情况。入户调查时发现，双进村井井有条，农户门前以及路面上没有垃圾堆放。生活垃圾处理方式，有定点堆放和指定垃圾池，村民在脱贫攻坚的同时，也在文明生活。对60户的调查结果显示，有43.33%的农户“定点堆放”，有56.67%的农户“指定垃圾池”（见图4-34）。

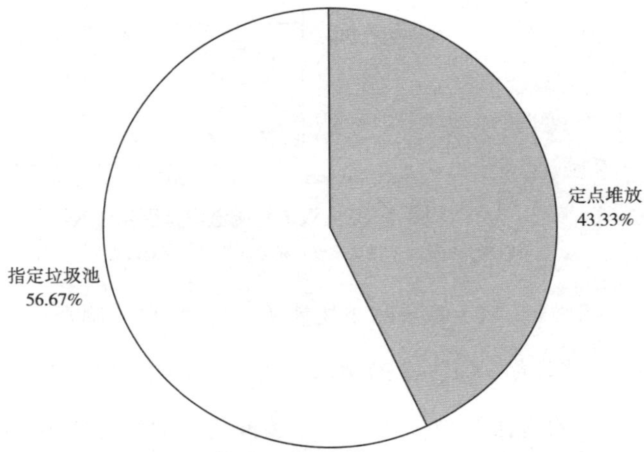

图4-34　双进村调查户的生活垃圾处理情况

资料来源：笔者根据访谈以及村委会填写的问卷调查整理，2017年7月。

（13）生活污水排放情况。对60户的调查结果显示，有48.33%的农户排放方式为“院外沟渠”，有25%的农户“随意排放”，只有8.33%的农户通过“管道排放”（见图4-35）。相对于生活垃圾处理，双进村的生活污水排放有待进一步增加基础设施建设费用，对其进行改造。

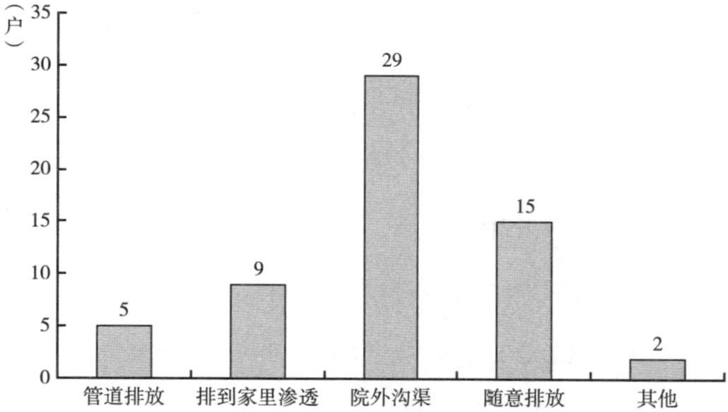

图 4-35　双进村调查户的生活污水排放情况

资料来源：笔者根据访谈以及村委会填写的问卷调查整理，2017 年 7 月。

（14）厕所类型。入户调查时发现，双进村传统旱厕占 78.3%，卫生厕所占 21.7%（见图 4-36）。

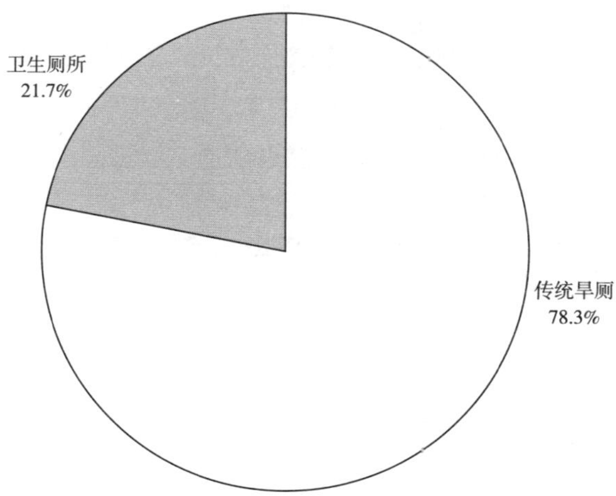

图 4-36　双进村调查户的厕所类型

资料来源：笔者根据访谈以及村委会填写的问卷调查整理，2017 年 7 月。

六　家庭收入情况

2016年双进村家庭收入情况如下。调查结果显示，在60户受访者家庭（有4户未回答）中，收入在1万元以下的占21.67%，1万~5万元的占20%，5万~10万元的占比30%，10万~15万元的占8.33%，15万~20万元的占8.33%，20万元以上的占5%。据此推断，在双进村，收入在1万元以下的这一部分人群有不小的比例，经济压力是他们主要的生活压力（见图4-37），这也是扶贫工作的重点对象。

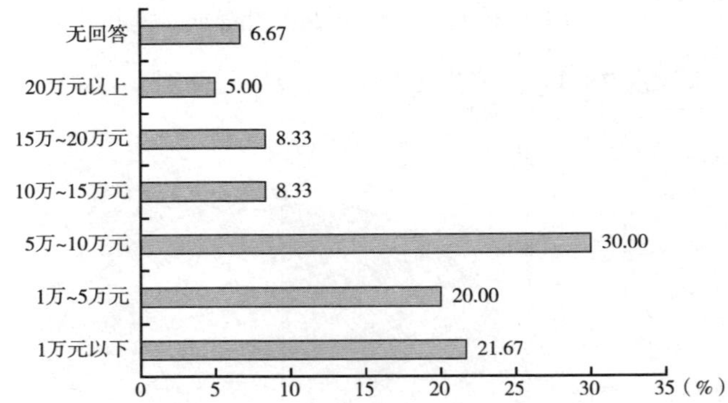

图4-37　双进村调查户的家庭收入情况

资料来源：笔者根据访谈以及村委会填写的问卷调查整理，2017年7月。

七　医疗保障情况

调查结果显示，加入新农合的占90.74%，覆盖率高。参加城镇居民医保的占3.24%，职工医保占0.93%，任何医疗保险都未参加的占5.09%（见图4-38）。

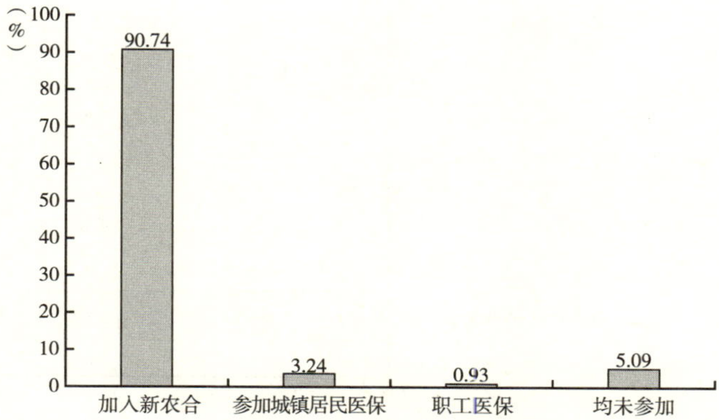

图 4-38　2016 年双进村入户调查户样本的医疗保障情况

资料来源：笔者根据访谈以及村委会填写的问卷调查整理，2017 年 7 月。

这一统计结果与村层面的调研情况相符。双进村参加新农合医疗户数 590 户，全村参加新农合医疗人数 2332 人。新农合医疗缴费 150 元 / 年。

八　养老保险情况

调查结果显示，城乡居民基本养老保险覆盖率达 80.59%，覆盖率高。领取退休金的占 0.75%，没有养老保险或退休金的占 18.66%（见图 4-39）。

全村参加社会养老保险户数 241 户，参加社会养老保险人数 890 人。低保人数 22 人，五保户供养人数 7 人。

九　抽样调查数据分析小结

调查结果显示，双进村在新农村建设和社会保障建设方面的进展明显。生活垃圾处理、厕所等村级基础设施比

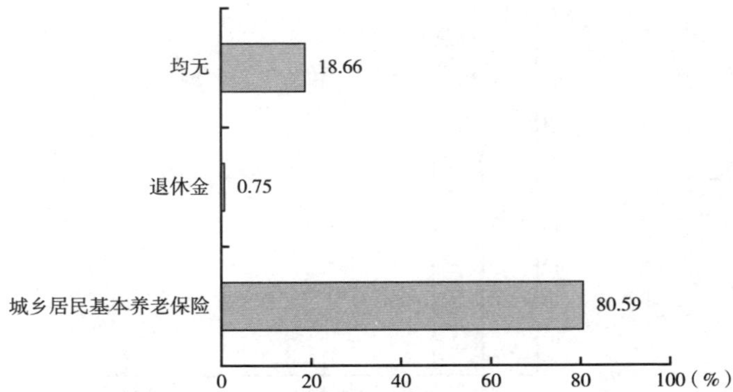

图 4-39 双进村调查户的养老保险状况

资料来源：笔者根据访谈以及村委会填写的问卷调查整理，2017 年 7 月。

较完善，只有污水处理方面较差。医疗保障基本实现全覆盖，这是脱贫工作的重要基础。

在住户和个人方面，还存在一定的不利因素，例如平均受教育水平偏低、没有技术能力，限制了农村劳动力转移的相关路径，双进村的外出务工者只能选择建筑行业、家政行业等脏、苦、累的低门槛、低收入工作。

与所有不发达村落一样，双进村外出务工者占比较高。外出务工有利于提高收入，但也反映出本村非农就业机会严重不足。如果扶贫开发加快向利用本地资源（特别是旅游资源）转变，可以预期，本村的外出务工人员将会出现回流。

双进村入户调查样本中，在外务工人员的收入有 51.66% 的人就地使用，他们当中带子女一起在外务工的人员，由于在务工当地需要支出较高的生活费用，所以务工收入不会带回家乡。远距离就业或外出务工无形中增加了其生活成本、交通成本，减少了其实际收入，因此距离因素、家庭因素等都成为影响劳动力转移的一大因素。

卫生健康的意识不足。还有一定比例的低收入家庭，患病人口的比例也不小，这些都是进一步扶贫的重点和难点。

第三节　双进村脱贫实践

做好扶贫工作的第一步，就是找到真正的扶贫对象。现在，我国正在大力推进精准扶贫、科学扶贫。精准扶贫就是要解决扶贫中存在的“大水漫灌”问题。国务院扶贫办有关负责人介绍，要通过群众评议、入户调查、公告公示、抽查检验等手段把贫困人口识别出来，打赢脱贫攻坚战，就必须实施精准扶贫，其中一个核心机制就是瞄准识别机制。

我国扶贫工作由于缺乏科学有效的瞄准识别机制，长期存在摸不清贫困底数、弄不明贫困对象基本情况、扶贫资金流向不明、扶贫项目指向不准等问题，严重阻碍了扶贫的效率，影响脱贫效果，所以精准扶贫的关键之处在于瞄准识别——贫困对象的精准有效识别和扶贫资源与贫困对象需求之间的精准有效瞄准。

一　双进村扶贫对象识别标准及方法

精准扶贫对象是哪些人，精准扶贫对象的识别标准及方法就是要精准把好“贫困”的脉搏。

（一）识别原则

坚持标准。严格坚持国家扶贫对象识别标准。

综合考量。综合考量扶贫对象的生活现状、家庭财产、致贫原因。

民主评议。坚持实行“四议两公开”工作法。

群众认可。坚持群众路线，尊重群众意愿，识别结果经得起群众的检验。

实事求是。严禁弄虚作假，杜绝人情户、关系户、拆户并户，杜绝优亲厚友、平衡照顾。

（二）识别标准

1. 严格执行农民人均纯收入标准

扶贫对象识别严格执行国家标准，即农民人均纯收入以上年度的国家农村扶贫标准为基本依据，对符合条件的农户整户识别。农民人均纯收入由年度家庭各类收入总和扣除生产经营性支出后，除以家庭常住人口数计算得出。通过短期入村调研，村干部对农户家的经济生活状况了如指掌。

2. 统筹考虑“两不愁、三保障”因素

（1）不愁吃。口粮不愁，主食细粮有保障。

（2）不愁穿。年有换季衣服，日有换洗衣服。

（3）义务教育。农户家庭中有子女上学，负担较重，虽然人均纯收入达到识别标准，但也要统筹考虑纳入扶贫对象。

（4）基本医疗。农户家庭成员医患重病或长期慢性病，影响家庭成员正常生产生活，需要经常住院治疗或长期用药治疗，刚性支出较大，虽然人均纯收入达到识别标准，但也要统筹考虑纳入扶贫对象。

（5）住房安全。农户居住用房是C、D级危险房屋的，虽然人均纯收入达到识别标准，但也要统筹考虑纳入扶贫对象。

3. 识别方法

坚持"公开、公正、透明"原则，推行"一进二看三算四比五议六定"工作法。

"一进"：包村干部、村级组织和驻村工作队（第一书记）对全村农户逐家进户调查走访，摸清底数。

"二看"：看房子、家具等基本生活设施状况。拥有家用轿车、大型农机具、高档家电的，不得识别或慎重识别。

"三算"：按照标准逐户测算收入和支出，算出人均纯收入数，算支出大账，找致贫原因，对贫富情况有本明白账。

"四比"：和全村左邻右舍比较生活质量。家庭成员有财政供养人员、有担任村干部的，家庭成员作为法人或股东在工商部门注册有企业的，在城镇拥有门市房、商品房的，不得识别或慎重识别。

"五议"：对照标准，综合考量，逐户评议。拟正式推荐为扶贫对象的，必须获得绝大多数村民认可，必须向村民公示、公告。

"六定"：正式确定为扶贫对象的，由村两委推荐确定，乡（镇）党委政府核定。

（三）识别程序

第一步：初选对象。在农户本人申请的基础上，对拟推荐的扶贫对象，按照党支部会提议、村两委会商议、党员大会审议、村民代表会议或村民会议决议的程序，形成初选名单，提交村委会和驻村工作队核实后，进行第一次公示。

第二步：乡镇审核。经第一次公示无异议后，乡镇人民政府对初选对象进行审核。乡镇对初选对象必须逐户核查，做到不错不漏。对确定的扶贫对象名单，必须要由驻村第一书记或驻村工作队长、包村干部、村委会主任、村支书、乡镇长、乡镇书记"六签字"，并在各行政村进行第二次公示。

第三步：县级复审。经第二次公示无异议后，报县（市、区）扶贫办复审，复审结束后在各行政村公告。

二 精准扶贫脱贫实践亮点

2015年以来，双进村在县委、县政府的正确领导下，紧紧抓住龙山县委的扶贫脱贫方针，在县直各有关单位的关心、支持、帮助下，实施"集团帮扶、整乡推进"，以村民增收为重点，以全面脱贫摘帽为目标，带领全村群众开拓创新，奋力拼搏，切实推进乡村经济社会建设又好又快、更好更快发展，扶贫工作取得阶段性成效。

65 户贫困户脱贫 25 户，脱贫人口数 121 人，贫困发生率下降了 38 个百分点。双进村农民人均纯收入从 2014 年末的 2180 元，提高到 2017 年末的 3620 元，人均收入净增 1440 元。

亮点一：农业强、农村美、农户富

贫困地区人口外流、进城务工现象较为普遍，主要原因是这些地区经济落后，产业缺乏，而小规模的农产品收入微薄，以致一些贫困地区空心化，陷入贫困的缪尔达尔循环累积因果链。

双进村引入培育有特色的优势产业，充分利用本村自然禀赋，因地制宜，打造“一村一品”。通过加大实施种养补贴力度，减轻贫困户的经济负担，实现脱贫。

双进村主抓百合、柑橘、烤烟、玉米、中药材种植加工、畜禽养殖六大产业。按照“宜工则工、宜农则农、宜商则商、宜游则游”和“一村一策、一户一法”的要求，找准产业发展和增收路子，制定和完善村级产业发展规划，做到“规划到村、辐射到户、带动到人”。实施好当前的项目，同时积极争取各类项目资金投入，做到项目到村到户，资金到村到户，进一步做好精准扶贫“四法”工作。

亮点二：创新“一村一品”

大力发展生态型效益农业，以山、水、林、路、田等综合农业开发为切入点，运用系统工程方法，优化生态农业结构，提高农业开发综合效益。着力打造“一村一业”“一村一品”（见图 4-40、图 4-41）、“联乡一品”。

图 4-40　双进村的“一村一品”（苕薯粉）

（双进村提供，2017 年 12 月）

图 4-41　双进村“一村一品”（苕薯粉）

（双进村提供，2017 年 12 月）

以“生态农业 +”为根基，环绕青山绿水，发展农业经济，开发无公害、绿色有机农产品并将其作为农业产业结构调整的主攻方向，形成烤烟、百合、辣椒、苕薯、反季节蔬菜、橘橙柚等八大优势产业，大力发展畜禽特色养殖、农副产品精深加工业。

积极探索高效、生态型种养加工模式。打造绿色农业家园，加强高山反季节蔬菜、油茶、橘橙柚、烟叶基地建设，组建规模绿色基地。扶持村合作社，因地制宜抓住龙山的生态优势，利用全国罕见的含硒量高于0.44ppm土壤带，种出原生态有机富硒“阿香”品牌粮食，取得收益致富。

亮点三：机械化、科技化

实现农业机械化种植水稻，推进经济能人带动型发展。近年来，国家出台了一系列惠农兴农政策，即增加种粮补贴，规定最低保护价收购粮食。双进村的村民杨梅香，因公司裁员从外地务工回到家中。她与家人商量，把握了国家惠农兴农政策的契机，借款几十万元，购买大型旋耕机、手扶式耕田机、烘干机、水稻和油菜收割机、乘坐式高速插秧机、手扶式插秧机、油菜直播机、电动高压植保机、提灌等设备（见图4-42、图4-43），与双进村、召市村的188户农户签订了284亩的5年土地流转合同。因地制宜，抓住龙山的生态优势，地理资源含硒量（0.44ppm）高的土壤带，种出原生态有机富硒粮食，取得良好收益。2010年，她成立湖南省龙山县阿香农机专业合作社，注册资金80万元，购入农业生产机具71套。实现了水稻、油菜的生产耕→种→收→烘干全程机械化。每

图 4-42　双进村机械化收割

（双进村提供，2017 年 10 月）

图 4-43　双进村机械化收割

（双进村提供，2017 年 10 月）

年实现机械化种植土地1000余亩，年生产水稻580吨，油菜籽208吨，玉米45吨，实现销售收入348万元。

龙山阿香农机专业合作社带动周边召市、贾坝、白羊等乡镇的300余户村民发展，向他们传授种植水稻经验。目前，参与生产经营的农户（产业工人）人均增收12000元。外出务工能缓解经济压力，而留在本乡本土更能发挥其擅长务农的优势。

要在产业链上发展，依靠市场激发内生动力，实现“一个突破”。通过产业链的生成和发展要素的主动链接，联动农户、合作社、企业、基地的核心要素和科技、教育培训、融资、特色品牌的四个保障性要素，有效整合产业扶贫的资源和力量，促进农民尤其是贫困农民持续增收，实现稳定脱贫。

亮点四：资产收益助力扶贫

拓展农村贫困人群的增收渠道，是实施“精准扶贫”的重要途径。资产收益扶贫是在不改变扶贫资金用途的情况下，财政专项扶贫资金和其他涉农资金投入设施农业、养殖、光伏、水电、休闲农业旅游等项目形成的资产，可折股量化给贫困村和贫困户，尤其是丧失劳动能力的贫困户。这些资产可由村集体、合作社或其他经营主体统一经营，通过强化监督管理，明确资产运营方对财政资金形成资产的保值增值责任，建立健全收益分配机制，确保资产收益及时回馈持股贫困户。支持农民合作社和其他经营主体通过土地托管、牲畜托养、吸收农民土地经营权入股等方式，带动贫困户增收。

第四节　双进村冲刺攻坚脱贫的对策思考

一　致贫因素分析

（一）因病致贫

截至2017年末，双进村贫困户有63户，贫困人口258人。从调研中了解到，经过5年砥砺奋进的努力，贫困户以及贫困人口逐年减少。

双进村入户调查结果表明，致贫因素排在前三位的主要有:“生病”因素占比43.8%、“缺资金”因素占比18.8%、因“自身发展动力不足”致贫占比12.5%，因“残疾”因素致贫占比9.4%，因“缺技术”因素致贫占比9.4%，“其他”因素致贫占比6.1%（见图4-44）。

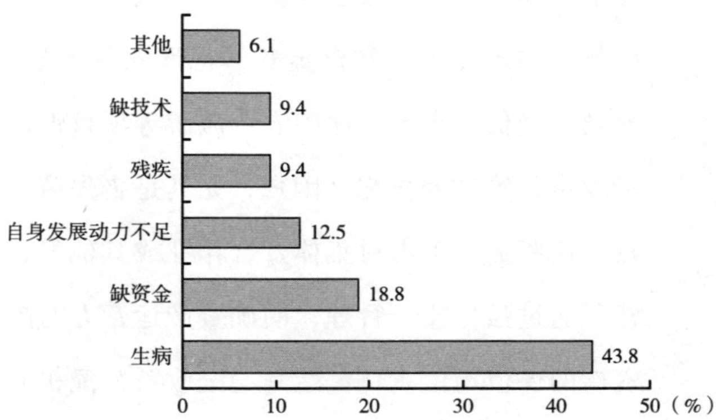

图4-44　双进村致贫主要因素及占比

资料来源：笔者根据双进村调查问卷整理，2017年7月。

在脱贫攻坚战的最后阶段，需要解决的贫困户及贫困人口多数为因病致贫人员。今年解决了老的“因病致贫户”，明年又会出现新的“因病致贫户”，突如其来的疾病导致的就是劳动能力的丧失。这样的新增新减，弱势群体人员的增加，形成一个不易解决的命题，致使脱贫“节奏”慢了一大拍。

（二）缺乏资金

对于缺乏资金的有能力有志成立合作社、兴办产业的贫困户，金融机构要给予鼓励开发和产品创新的扶贫脱贫项目，建立精准扶贫专项贷款、农户小额信用贷款、贫困村互助资金增信计划、小额信用保证保险贷款等金融服务体系，对贫困户发展进行资金方面的金融扶贫。同时，要加强对资金使用的监管，促进贫困地区农业产业化经营，达到精准扶贫精准脱贫成效。

（三）自身发展动力不足

双进村地处偏远村庄，全村教育文化程度不高，没有获得县以上证书的农业技术人员，因此要借助对口扶贫单位的技术力量，扶智脱贫。阿马蒂亚·森（诺贝尔经济学奖获得者）认为，教育的缺失是“能力剥夺的贫困”，是比收入贫困更深层的贫困，它会引发“贫困的代际传递”。不同层次文化程度者相对来说提高劳动生产率的水平不同：本科 300%、初高中 108%、小学 43%。人均受教育年限与人均 GDP 的相关系数为 0.562。发展生产脱贫工程、转移就业工程，都要求受助对象有一定的文化基础。因此从这一代人开始，重视长期长效教育扶贫，扶智扶贫，为扶贫开发巩固脱贫成果奠定人才基础。要注重开发创办适合本村经济发展的企业（合作社），提高自身发展动力，对村民以及贫困户人员开展农业技术培训，提高他们的生产技能和生活自理能力，自立自救。在创办的企业中安排贫困家庭成员和残疾人就业，提高村民以及贫困家庭的收入。

二　提高救助金基数

调查结果显示，在贫困人口中，因病、因残、因灾、因学致贫返贫的占到60%左右，对于“无劳力、无能力、无资金”、必须依靠国家政策兜底和政府帮扶方能脱贫的贫困对象，要提高救助金基数。

调研中发现，双进全村村民加入新农合的比例为90.74%，覆盖率高。但对于因病致贫的贫困户来说，新农合支付的医疗费只是杯水车薪。当前，多地农村报销制度分三级，本区（镇）医院可报80%~90%，县级医院可报60%~70%，省市级三甲医院只能报50%左右。对于突发大病以及疑难病患者来说，层层转院就医，最后到了省市级医院时，一边新农合报销减少，一边要支付巨额的医疗费用。因此，需要政府适度调整政策，对贫困户直接“包医”，即医药费实行全免。

龙山县规定（2016年8月1日起实行），参加新农合患者县级医院住院费用报销比例可达80%，省外非定点医疗机构报销比例可达50%，州内定点民营医疗机构政策范围内住院费用报销比例可达70%。对建档立卡贫困人口、农村低保对象患者在县级以上（含县级）各级各类定点医疗机构住院的，住院费用报销起付线减50%，报销比例提高了10个百分点。参加新农合患者住院每人每年累计最高支付限额由2015年的18万元提高到20万元。

精准扶贫精准脱贫要对贫困户分类。一是兜底保障型。即对大病、残疾、无劳动能力的贫困户，他们很难致富，只能在政府的保障下脱贫。二是经济扶持型。对遭遇重灾大祸致贫家庭，自身有劳动能力但缺乏资金的贫困户，给予补贴贷款和对口就业帮扶。

三　走福祉民生之路

启动湖南模式“开发式扶贫方式”，这是解决救济式扶贫问题的新措施。湖南实施了“一村一品”特色水果产业，项目建成后将惠及当地建档立卡的1034名残疾人及4979名贫困人口。资产收益扶贫的成功探索与实践，既丰富了扶贫开发理论，又推进了脱贫攻坚工作。在落实并强化低保、五保等国家保障制度的同时，将金融扶贫、产业扶贫与兜底扶贫相结合，建立起精准扶贫的长效机制，推动该类群体得到资产收益共享最终脱贫，意义深远，值得重视和进一步探索。湖南的保障兜底脱贫，全面完成了45万名社会保障兜底对象认定工作，将农村低保标准从原来的 165 元 / 月提高到 220 元 / 月，大幅缩小了低保与扶贫的标准差距。开展医疗救助脱贫，初步完成了“因病致贫、因病返贫”的调查摸底，研究出台了健康扶贫的系列政策，贫困人口医疗保障、新农合、大病保险、医疗救助等工作明显加强。在 40 个片区县和重点县安排 1.1 万名建档立卡贫困人口就地转为护林员，带动 5 万人脱贫。

双进村所在龙山县，出台了《医疗救助帮扶工作实施方案》相关政策。断“病根”、拔“穷根”，老百姓有句顺口溜，“救护车一响，一头猪白养”，这是因病致贫的真实写照。因此，要设法让群众有病看得起、看得好，防止他们因病致贫、因病返贫。直接规定农村建档立卡贫困对象为“医疗救助帮扶对象”，直接规定建档立卡贫困对象和农村低保对象治疗的费用报销比例，经新农合补偿、医疗费用减免、大病保险报销、民政救助后，医疗总费用实际报销比例按 85% 报销；其他特殊困难对象治疗费用的报销比例，经新医保报销、医疗费用减免、大病保险报销、民政救助后，再经医疗救助帮扶工程领导小组研究同意后，实施特殊困难救助帮扶，医疗总费用实际报销比例可提高到 85% 以上或者实行全额报销。个人全年医疗救助帮扶总额不超过 20 万元。

针对双进村的具体情况，要安排“兜底性”制度。“扶贫开发到了攻克堡垒的最后阶段”，习近平总书记为全国扶贫脱贫工作提出了到 2020 年实现所有贫困地区和贫困人口共同迈入全面小康社会的“两年时间表”和总动员令。扶贫不能依靠救济式扶贫，明确最低生活保障是消除绝对贫困现象的“兜底性”制度安排。

四　两个“帮扶”并行

双进村在产业布局上，尽可能实现“一村一品”“一乡一品”“联乡一品”。在重点支持农作物种植基础上，确定五个运营。

（1）经作业：烤烟、百合、蔬菜、水果、中药材等。

（2）养殖业：家畜、家禽、水产养殖、特种养殖等。

（3）多种经营：农家乐、家庭宾馆、农副产品加工等。

（4）林业产业：花卉苗木、油茶、珍稀树种等。

（5）传统粮油作物：富硒水稻、富硒玉米等。

（一）直接帮扶

把有产业发展条件和劳动能力的贫困对象，利用产业帮扶资金，跟着新型农业经营组织直接进行产业开发。在发展过程中，由企业或能人提供种子种苗、技术指导、市场信息、产品保底、价格包销等服务，双方之间确定相应的利益联结机制，贫困户跟着企业或能人自主发展产业。

（二）委托帮扶

针对缺劳力、缺技术、缺路子、缺资源的贫困家庭及主要劳动力外出务工家庭中无劳动能力的留守人员，受贫困对象个人或群体委托，通过购买扶贫社会服务方式，将产业扶持资金直接委托给有合作意愿的、有社会责任的、讲诚信和有实力的新型农业经营组织进行产业开发，代替贫困户进行种植、管理、经营，项目产权归贫困户所有，相互间以契约形式，明确责权利关系，项目收益按比例分成。

（三）股份合作

针对有资源、有意愿、无技术、缺路子的贫困农户及主要劳动力外出务工家庭中无劳动能力的留守人员，以产业扶持资金、产业扶贫贷款及自己的耕地、山林等生产资料折算入股到新型农业经营组织中，由新型农业经营组织统一生产、统一管理、统一经营、统一核算，结成联股、联利共同体，实现股份到户、利益到户，年末按股分红。

五　特色产业扶持政策

在新一轮精准扶贫中（2014~2020 年），扶持的资金额度要与发展产业的实际规模相结合，但不得突破设置的扶持上限值。符合产业扶持条件的建档立卡贫困对象，每人累计享受产业扶持总额不超过 2000 元，扶持资金分年度到位，预脱贫年度按照不超过 1400 元 / 人的标准实行重点扶持，非脱贫年度按照不超过 300 元 / 人的标准予以一般帮扶。

产业扶持资金通过以奖代补的方式兑现。资金额度与发展产业的实际规模相结合，具体标准为，谁生产就奖励谁。对养殖业、多种经营、林业产业、传统粮油作物等的，给予奖励代补。

对带动贫困户脱贫的新型农业经营组织给予扶持政

策。为鼓励和引导新型农业经营组织参与精准扶贫，以直接帮扶、委托帮扶、入社入股、土地流转、优先用工等形式带动贫困户脱贫，对带动能力强、守诚信、脱贫效果明显的新型农业经营组织，根据帮扶成效给予一定的项目资金、金融政策支持和奖励。

对带动能力强、诚信度高、成效明显的新型农业经营组织给予金融扶持政策支持。带动 50 户以上贫困户的企业、带动 20 户以上贫困户的农民专业合作社、带动 10 户以上贫困户的家庭农场，在落实风险防控措施后，以分贷统还模式可获得 200 万元以内的扶贫小额信用贷款（具体以带动的贫困人口人均不超过 1 万元的额度计算），并享受扶贫贴息，贷款及贴息期限根据产业发展需要确定，最高不超过 3 年。贴息资金从整合财政涉农资金中安排。

双进村这个国家级贫困村，在湖南精准扶贫精准脱贫的大环境下正在走出贫困的窘境，迎接 2020 年小康社会的曙光。

六　建立“网上村庄”

创新“电商 + 农产品”模式。开辟“京东龙山”“淘宝龙山”等电商之路，让“一村一品”的原生态农产品、凝聚“土”（土家族）、“苗”（苗族）少数民族元素的文化产品（西兰卡普等）走出大山、走出国门。

“互联网”是当下的一个热词，落后的农业自从和互联网搭在了一起，就成为枝头的凤凰。双进村已经覆盖了网络，充分利用“互联网 +”，把乡村农副产品放到网络大平台上。用优质的价格变现农产品，把撂荒的土地利用起来，同时针对市场需求生产出精品农产品以获取较高的回报。搜索淘宝等网店，有成千上万种红薯粉条，但是却没有双进村村民制作的红薯粉条，建议双进村打开京东等电商的“扶贫农副产品”通道。

建立“网上村庄”，通过策划特色民俗、传统文化、农事体验等休闲农业旅游活动，引导城市游客到贫困乡村消费。通过“网上村庄”拉近城乡距离，扶贫从“扶志 + 扶智”做起，把新时代经济、文化、科技带到偏远乡村，补齐贫困群众的精神“短板”，扩大视野，鼓足贫困人口的干劲，提高贫困人口智慧水平，激发贫困人口共同致富奔小康。

在“互联网 +”时代，时间、空间都不是问题。运用云计算、云存储、大数据，整合乡村以及周边文化景点、博物馆、纪念馆、群众文化场馆、专业院团舞台作品、非物质文化遗产项目和传承人、文化产业机构等资源，建设一个全方位覆盖、多终端访问、跨平台、多通道的公共文化信息平台。无论何时何地，只需通过电脑、手机等终端，连上“网上村庄”这一平台，就能自由浏览网上图书馆的经典藏书，观看省歌舞剧院的精彩表演，鉴赏省博物馆的稀世珍宝，这是未来公共文化服务的发展方向。

“网上村庄”为乡村连接情感、连接信息、连接财富。在湘西土家族苗族自治州开展的“互联网 + 贫困村”，就充分利用互联网技术、资源、平台及思维，实现村里外出人员和留守人员的信息和情感沟通。平台融合党建工作，让村民可以实时了解村庄的新政策、新动向，外出打工的村民也可以通过平台与家人互动。要充分利用好社会力量助推平台发展，要根据村里的发展需要不断对平台进行优化、升级。通过“网上村庄”，为乡村连接情感、连接信息、连接财富，打通服务群众的“最后一公里”。发掘村庄的独特价值，发展特色产业，建设美好村庄。

当前扶贫脱贫到了冲刺阶段，要侧重帮助有“造血”功能的贫困人口提高发展能力，实现脱贫致富。需要多角度、多领域探讨扶贫模式，因地制宜扶贫，因人因地施策，根据贫困类型施策，发挥各村扶贫“高招”。

第五章

后精准脱贫时期的展望

长期以来，我国存在的关键问题还是“三农”问题。一是农民苦。由于生产的农产品经销难、价格低廉，农民从农业产业中获取的红利非常有限，依靠耕种自己的“一亩三分地”不能满足生活开支，他们不得不背井离乡外出务工。农村的留守儿童、留守老人、留守妇女形成了一支“993861”部队，出现了农村空心化、荒田弃耕现象，带来了一系列社会不稳定问题。二是农村穷。通过各种政策扶持，在市场经济的洗礼下，虽然有少数村庄富裕起来，但占比相对少。多数农民依靠资源丰富、地理位置优越，或者以出卖土地、转移就业等方式致富。村级集体经济弱，几乎为零，甚至没有集体产业。三是农业弱。随着新型城镇化建设的提出与实施，十多年来，城镇化、公路、铁路以及房地产、开发区、农民宅基地等占用了大量的农田，加上农民大量外出打工、耕地荒废等，农业资源约束加强，耕地质量退化，环境污染、生态破坏明显加剧，生态环境治理压力加大。

龙山县深入贯彻创新、协调、绿色、开放、共享的发展理念，推进农业供给侧结构性改革，坚持农业主体地位，将增进农民福祉作为农业农村工作的出发点和落脚点，用适应新常态发展的理念破解“三农”新课题，厚植农业农村发展优势，加大创新力度，转变农业发展路径与方式，确保农业稳定发展和农民持续增收。确保全县农民一起进入全面小康社会，让广大农民平等分享现代化发展的成果。

第一节　美丽村庄：亮丽名片“一村一品”

龙山县属亚热带季风湿润气候，整个地貌构成基本为“八分山水一分田、半分道路加宅园”，自然资源禀赋给予农业生产的条件有限，但这样的自然禀赋条件与现状也并非独一无二，有诸多经验可以借鉴。如同属武陵山区的重庆、四川、贵州等部分县（市）的信息农业、工业农业、休闲农业都做得不错。

借鉴亚洲国家的实践经验，日本、韩国等国家自然禀赋条件并不是很优越，但都走出了一条适合自身发展的道路。如日本的“一村一品”“一村一景”农业、休闲农业，韩国的休闲农业、农耕文化再现体验、创意农业等，都很出色。日本将渔业与休闲农业、工艺农业发挥到了极致，韩国把休闲农业、观光农业、体验农业做到了一流，它们都是建立在结合自身特色优势的基础上，而不是盲目雷同，这样才能走出一条现代农业发展之路。

一 “一村一品”发展进程

1979年，时任日本大分县知事平松守彦，倡导发起“一村一品”的发展理念。“一村一品”运动是日本农业产业化的成功模式。所谓“一村一品”，就是一个乡村的农民，充分利用本地资源优势，因地制宜，开发具有地方特色的“精品”或“拳头产品”，打入国内和国际市场。由于当时的日本工业化、城市化发展加速，城乡之间差距不断扩大，为扭转大分县农村人才短缺、资本外流、产业萎缩的局面，提高农村地区活力、振兴地域经济，平松守彦发起了这一运动。“一村一品”的实质是搞活地区经济，同时也是一个地方的象征，它代表着一个地方的社会经济发展水平，也代表着这个地方在某一个地区乃至全国和全球市场上享有的声誉，同时还反映着这个地方的精神风貌。

该运动以“立足本地、放眼世界，独立自主、锐意创新，培养人才、面向未来”为基本理念，引导农民认识自我、发现自我，找到本地的闪光点，充分利用本地资源，开发生产具有本地特色的产品，并使这些产品走向国内外市场。这一运动在广大民众积极参与和政府扶持下蓬勃发展，取得了巨大成功。相关资料表明，目前大分县已培育出具有当地特色的产品300多种，总产值达到10多亿美元，居民人均收入连续多年位于日本九州地区第一位，居全国前列。日本农产品全产业链的每个环节都可以创新，具体分为以下几种模式：种植、种质（资源）创新；农产品品牌打造；包装流行创意；流通购销形式；泛农业产品创新。

随着“一村一品”运动的深入开展，其基本理念已逐步为许多国家或地区所认识和接受。在亚洲、非洲的一些发展中国家，“一村一品”已成为振兴地方经济、消除贫困和城乡差距的重要措施。自1983年起，平松先生多次应邀来中国传授“一村一品”经验，为上海的“一厂一品”、武汉市的“一村一宝”等进行指导。2009年，平松守彦被中国国家外国专家局誉为“新中国60年最有影响的海外专家”。积极发展“一村一品”，可以促进农民增收致富，形成农产品出口创汇支柱产业，打造农业产业化经营模式。

二 “一村一品”模式

农业产业是20世纪90年代以来，继我国实行家庭承包制之后出现的又一次农业产业组织创新和经济体制创新。第二次世界大战后日本在农民家庭经营的基础上，成功地在短期内通过农业产业化实现了农业现代化。在此过程中，日本政府的推动作用、农协的组织保障以及“一村一品”模式的成功，对同样人多地少、以分散的小农生产为基础的我国探寻农业产业化发展之路有很大的借鉴意义。

平松守彦指出，“一村一品”运动的实施，需要依靠农民合作机构对本地有特色的优势产品进行培养、加工、包装，这样才可以使产品的利润发挥到最大。中国有丰富的资源，完全可以依靠优势资源发展特色产业。还要坚持三个原则：一是必须发展本地特色，着眼于全球市场。即一定要发展有文化特色的产品，将其推向全国，走向世界。二是必须立足自身，不断进行创新。即必须由当地人民决定选择和发展的项目及产品，不断进行产品和技术创新，使自己的产品具有较强竞争力。三是重视优秀人才的培养。人才是“一村一品”运动的决定性因素，只有在优秀人才的带领下，“一村一品”才能取得成果，因此必须注重人才的培养。

三　双进村开展“一村一品”实践

在湘西州、龙山县政府指导下，双进村注重规划引领，让产业覆盖贫困村、贫困户。湘西州坚持“短平快”与中长期相结合、与新特优相搭配，科学谋划脱贫产业，充分发挥产业脱贫的“造血”功能，让每个贫困村都有1个以上当家产业，每个贫困户有1个以上增收项目，有劳动力的贫困家庭至少有1人能稳定就业、有工资性收入，确保2020年实现特色优势产业覆盖所有贫困村、贫困户，所有行政村集体经济收入达5万元以上，所有贫困户有1项以上产业或就业脱贫门路。坚持因地制宜，合理布局，初步形成“一县一业”“一乡一特”“一村一品”的产业开发格局。

扶贫产业之百合。百合产业是龙山县的主打产业，但长期以来，龙山的百合产业出现了品种退化、产品质量不高、精深加工滞后等问题。农业农村部扶贫挂职干部针对这些问题，先后向中国农科院蔬菜花卉所以及湖南省农科院有关专家进行请教和咨询，参与起草了《龙山县百合产业建设工作方案》，推动百合产业转型升级，建设百合良种繁育基地，巩固绿色食品原料标准化生产基地，实施百合休耕轮作，大力发展百合精深加工，通过全产业链建设，有力推动百合产业转型升级和绿色发展。积极组织申报国家特色农作物（百合）良种繁育基地项目，解决百合品种退化问题，提高百合品质。同时，龙山县举办了百合旅游文化节，提升品牌形象，提高百合产品的影响力和知名度，助力精准扶贫，带动农户增收致富。大力推进龙山百合品牌建设，针对龙山农业品牌建设严重滞后、优质农产品品牌影响力不强等问题，龙山县政府积极组织喜乐百合、佳湘源百合等企业参加全国农业品牌推进大会、中国国际农产品交易会等展销活动。全面总结产业扶贫经验，建设百合质量安全追溯系统，强化质量安全监管，提升百合质量安全水平。

扶贫产业之里耶脐橙。在龙山县政府指导下，针对里耶脐橙种植规模小、技术水平不高、产后加工滞后、品牌影响力不强等问题，切实做大做强里耶脐橙产业。一是针对脐橙种植管理技术水平不高、病虫害防治不到位等问题，积极协调科研院所专家开展实地技术指导和培训，提高农民种植管理技术水平。二是做好脐橙洗选中心项目前期筹备工作。三是积极推进脐橙电商销售。组织制订“互联网+里耶脐橙”实施方案和发展规划，宣传推介电子商务发展趋势、优势和政策，营造电子商务氛围。对合作社、种植大户进行电子商务基础知识培训，鼓励支持互联网线上线下同时销售，推动电子商务发展。

四 “一村一品”的启示与建议

（一）发展特色农业产品

相对日本的迅速发展，我国农村经济发展缓慢，大多数地区没有形成品牌概念，农产品市场信息传递不通畅，一定程度上阻碍了国内农产品的销售，大大打击了我国农户参与和发展“一村一品”活动的热情。“一村一品”对提高农产品市场信息化、对农产品销路拓展及农产品市场改组都有着积极作用。“一村一品”的成功及可持续化发展必须依靠农产品市场的高度信息化和农产品销路的渠道化。“一村一品”在我国发展缓慢的根本原因在于“品”

的特色化发展速度较慢、品牌树立意识薄弱。在发展过程中，新型经济组织应当有目的地选择特色产业，树立品牌并规划品牌的发展之路。众所周知，越是地方性的东西，越具有世界性。从大分县的成功事例中可以看出，付出耕耘必有收获，从经济落后的贫困县跨越至经济发达的世界名地，大分县群众的勤劳和智慧帮助他们实现了“山鸡变金凤凰”的跨越。“一村一品”最重要的是确定发展什么样的“品”，在选择“品”时应遵循以下几点原则。

（1）注重特色性。选择的“品”最好具有独有性，即只在此处有而别处没有的东西，可以是土特产品、产业化项目，也可以是文体社会事业，凡是具有特色的事物都可以被当作重点进行发展。

（2）紧密联系市场。选择的产品需紧密联系市场，产品须有较为稳定的需求和市场，这样才能保证产品在激烈的市场竞争中具有强大的竞争力。

（3）注重效益。在“一村一品”的发展过程中，要将经济效益作为重要准则，在品牌建设中要注重效益，在法律及各方面允许的范围内，只要能够提高经济效益、提高人民收入的产品都可以尝试发展。

（4）重视基础的作用。在发展过程中，不仅要注重产品的生产和经营，更要对群众意愿给予足够的重视。“一村一品”的发展能够将农村的特色产品形成产业化，产生能够代表群众意愿的机构如合作社或联合企业等，既可以整合相关制度和销售路径，又可以统一群众意愿，增强品牌竞争力。

（二）培养“一村一品”优秀人才

农民文化水平普遍较低和农村生产水平普遍落后阻碍了“一村一品”在中国的创新，同时也对“一村一品”在中国的发展产生了较大影响。“品”是该活动发展的重中之重，因此应该对“品”引起足够重视，提升产品质量，提高生产效率，使产品在生产过程达到高度机械化、高度标准化和高度专业化，进而提高“品”的发展质量。但是我国农村农民的文化水平决定了现行的农业生产难以实现专业化、机械化和标准化，农民文化程度较低、技术能力较差是我国“一村一品”发展中的薄弱环节。从日本“一村一品”运动成功的经验来看，其农业和农村经济的发展很大程度上依赖高素质人才，因此，转变农民的思想，增强农民的种植、加工及营销等综合技能，提高农户的综合素质对于“一村一品”来说意义重大。目前，国内“一村一品”的发展主要靠龙头企业的推动，在发展过程中起带动作用的人才主要也由龙头企业提供，村户和地区培养的人才少之又少，政府也未曾出台相关政策保障农户获取相关技术知识，以上现象导致农村群众无法进行独立自主的发展。日本“一村一品”的巨大成功让我们认识到了人才培养的重要性，在今后的发展过程中，政府必须改变支农的投入结构，适当加大对农民专业技术的培养投入力度，增加农户接受教育的机会，使农民素质及专业技术得到全方位的提高。除此之外，还应对农民进行思想教育，努力转变其等待脱贫的旧想法，提高其自我发展、自我进步的意识，通过农民个人综合素质的提高带动整个区域的人力资源建设，最终达到地区能够自我发展、自我振兴。

（三）建立政府与农户交流机制

我国农村长期存在土地流转不畅的问题，其根本原因是政府没有发挥积极作用。长期以来中央一号文件数次提及“三农”问题和“一村一品”运动，“一村一品”运动成功的重要保障就包括土地要形成规模化生产，而规模化生产的关键又在于农村土地流转问题，因此土地流转问题也是制约“一村一品”发展的因素。尽管政府已经对土地流转问题展开积极的治理，但目前土地流转不畅仍是我国农村的一个基本情况。政府应该履行职责，全面推行新农村改革，但过去的实践表明，政府发挥的作用甚微，只扮演了改革的提出者和推动者角色。政府必须出台更加行之有效的配套政策，实现对市场配置的调节能力，提高农村的经济活力。借鉴日本“一村一品”实施中政府的做法，在市场经济的大环境下，政府应从以下两方面着手。第一，政府应将自身定位为小政府角色，明确工作方向，即切实做好政策导向、生产培训、营销推广、依法监管等保障性服务工作，而并非将工作重点放在具体的农业经营生产中。第二，必须严格保障农民在市场中的主体地位，选择怎样的“品”、怎样选择应该由民众意愿产生，必须确保农业生产活动中农民享有自主决策的权利，将农民的积极性充分调动起来，使“品”向好的方向发展，保证农业生产符合市场规律的要求，最大可能地提高农民的市场竞争力和抗风险能力。

（四）推进农业产业化经营

立足当地资源优势，发展支柱产业，这是增加农民收入的有效途径。从大分县开始，日本通过推进“一村一品”运动，在很大程度上解决了小生产与大市场，低水平的传统农业与现代市场消费，单一农业与二、三产业之间的矛盾，发展农产品深加工以及产前、产中和产后系列服务，促进农村富余劳动力转移，推动农业向更高水平发展。日本的“一村一品”运动，类似我国的农业产业化经营。通过积极推进农业产业化经营，将农业产前、产中、产后和农业、工业、商业，生产、供应、销售，第一产业、第二产业和第三产业融为一体，引导和帮助农户走专业化、规模化、商品化和企业化经营的道路，最大限度地促进农民增收和农村经济增长，强化农户自身发展能力，建设现代化农业。

（五）发展农村经济合作组织

日本是小规模农业，但日本的农协在联结农户和整合资源等方面发挥了巨大作用，使看似分散的日本小农经营走上了产业化发展的轨道，成功地实现了现代化。借鉴日本经验，我国要推进农业产业化经营，就要积极发展农民合作服务组织和行业性服务组织，着力提高农民的组织化程度，打造“龙头企业＋中介服务组织＋农户”等农业产业化链条，努力提高农业综合竞争力。

（六）打造地方特色品牌

品牌是产品进入市场的通行证。日本的“一村一品”走过了“由一户带多户，由一片带动一个村”的路子。神户与阪神等市、町的黑豆、牛肉与西点在日本成为知名品牌。日本“一村一品”，着力培植特性明显的产品，通过开拓销售渠道、开发配套相关产业群，有效提升产品层次和市场竞争力、打造日本式农产品品牌。借鉴日本经验，我们应坚持“民族的（特色的）即是世界的”品牌理念，树立富含地方自然文化特色的产品品牌，采取以点带面、示范引路的方式，通过积极的销售运作，开拓市场，形成特色产品和特色产业集群，提升农产品的市场竞争力。

第二节　青山绿水：生态农业旅游

乡村以其旖旎的田园风光、浓郁的乡土文化气息、新鲜的蔬菜瓜果和原汁原味的乡村生活而受到都市居民的青睐。生态农业旅游是以农业文化景观、农业生态环境、农事生产活动、传统民族习俗为资源，融观赏、考察、学习、参与、娱乐、购物、度假于一体的旅游活动。

一　生态农业旅游的类型

19 世纪初，生态农业旅游在英国、法国、西班牙快速兴起。“二战”后，一些发达国家的城市化和工业化迅速发展，自然环境恶化，城里人渴望到乡村度假放松心情。西班牙把城堡改造成饭店、把农场建成度假农庄，美国、澳大利亚、日本等国家也积极发展生态农业旅游，并积累了丰富的发展经验。

经过近半个世纪的发展，日本生态农业旅游取得显著成绩，处于世界先进水平。日本乡村游主要分为两大类型，即观光娱乐型和休闲度假型。

观光娱乐型。主要是以城市人所陌生的乡村农林牧副业生产过程和当地独特的人文景观为卖点，在城市近郊或景区附近开辟有特色的菜园、果园等，游客可采摘，享受田园乐趣。日本的一些水果和花卉的产地、农园就是观光旅游地。从果园经营类别来看，既有专营某一种类的，也有实行两种或多种兼营的，大多根据自身的经济实力、技术条件和市场需求等，进行农产品在种植、加工、包装、流通、销售等方面的创意改良或革新。

休闲度假型。利用优美的山水自然环境和不同的农林资源，向人们提供各种休闲度假服务。这种形态的乡村游，已成为日本城市居民休闲度假的主要形式。休闲农场是最具代表性的经营业态之一，它以生产蔬菜、瓜果、茶叶或其他农作物为主，在具有多种优越自然资源的条件下，开展极具特色的生态农业旅游活动。

二　农产品“谋新”与创新

其一要创新种植、种质（资源）技术。种植创新是不断更新种植技术，从而产生新的种植品种，如冰激凌西瓜、迷你苹果、紫色土豆等。新型种植模式最常见的为“移花接木”，比如嫁接、异花授粉等，由此可培育出桃、李、杏树等。

其二要打造农产品品牌。无论是品牌标志、品牌口号还是形象代言，农产品品牌的打造都应独具匠心。按照农产品的性质，农产品品牌的塑造大体有两种类型：一是原生态农产品的品牌塑造，如加州杏仁、五常大米、神户牛肉等；二是深加工农产品，如汇源果汁、三元奶制品、张裕葡萄酒等。另外，其他行业产品的成功塑造，也可借鉴应用到农产品上来。现在日本城乡接合地带的“道之驿站”流通中心出售的蔬菜瓜果等农副产品，在包装盒上贴有农家照片和联系电话既表明了让消费者放心之意，又拉近了城乡融合的距离。

其三要创新流通形式。在农产品流通过程中，不断涌现出新形式和新模式，主要有以下几种。

“农超对接”。指由农户向超市、菜市场和便民店直供农产品的新型流通方式。即农产品与超市直接对接，市场需要什么、农民就生产什么，既可避免盲目性生产，又可减少流通环节、降低流通成本。

“农旅一体”。以休闲农业旅游将城市居民吸引到农村，在享受生态绿色美景的同时，通过体验等方式切身感受到绿色农产品的价值所在，催生其品牌意识，进而产生需求动机，在形成订单之后，农产品再通过销售平台和物流配送中心抵达每个社区和家庭，实现产销直通、城乡联动。

“农家电子商务”。在品牌有高度信誉的基础上，通过电脑、手机App等客户端，农产品买卖双方不谋面地在“线上”进行各种商贸活动，从而实现消费者的网上购物、商户之间的网上交易和在线电子支付，让龙山品牌葛根粉、双进村的百合、土家族的西兰卡普绣品“飞往”全国各地。

三 生态农业产品创新

农业产品有各种器具，如蔬菜嫁接机器、植物生长灯、太阳能杀虫灯、水果采摘器、遥控机、果蔬净化机等。除上述之外，还有许多农产品谋新的衍生物，例如利用农产品元素打造创新的文化产品。虚拟的有动漫游戏中大量应用果蔬形象如“果蔬连连看”“植物大战僵尸”“水果部落”，伦敦摄影师亲手搭建的美食果蔬梦幻王国；实体的有游乐设施、园林景观、异形建筑、果蔬人等。

随着经济的不断发展，人们的休闲时间将会越来越多，每个人心里都有一个世外桃源，休闲农业旅游使现代人能够体验到宁静的生活，让身体与心灵放松，同时也是一个非常好的经济增长点。如果能够通过创意将本地已有的资源进行再加工，转化为产品、商品，然后通过品牌塑造，做成全国知名的品牌商品，其价值和效益将得到大大提升。产品创意如果能够与品牌塑造相结合，就能发挥协同效应，提高产品影响力，大力发展生态农业旅游。

四　对策与建议

（一）加强对生态农业旅游促进脱贫的认识

实践证明，湘西龙山周边的生态农业旅游是促进扶贫脱贫见效快的措施和方式之一，能够快速持久地促进农民增收、农业增效和精准扶贫。龙山县种植了生态农产品如富硒香米、富硒百合等。建议每年召开一次地区交流大会，邀请农业专家对当地干部和农业能手进行集中授课，进一步提高创新意识。

（二）科学规划生态农业旅游扶贫示范村

一要科学规划。把生态农业扶贫作为一项区域性经济发展的系统工程来抓，要站在统筹县域经济社会发展的高度，立足资源优势和产业基础，突出扶贫特色，坚持可持续发展，高起点制定全县乡村总体规划和实施方案，聘请高水平、有经验的团队，对县内有资源、有特色、能示范的乡村贫困村（点）进行重点规划和策划。二要明确主题。要坚持丰富文化内涵、突出地域自然生态禀赋的基本方略，突出打造以民族文化元素、传统文化元素、生态健康为主题的扶贫品牌。

（三）夯实生态农业旅游扶贫基础

加大政府扶贫的引导性投入力度。建设地区乡村生态农业扶贫专项资金，重点向乡村扶贫示范村（点）倾斜，每年整合相关项目资金，重点打造4~6个乡村扶贫示范村（点）。每个示范村（点）由县级领导牵头，相关部门和所在乡镇按规划负责项目实施。要拓宽乡村休闲农业扶贫融资渠道。鼓励县内外企业、团体和民间资本，采用独资、合资、承包、租赁、股份合作等形式参与扶贫开发。创新“公司（协会）+农户”的扶贫开发方式，提高生态农业旅游扶贫组织化程度，形成规模化、集约化经营。

（四）确保生态农业可持续发展

加强管理是确保生态农业扶贫取得实效的关键。对已经建好的扶贫村（点），重在管理，促进与扶贫的融合。从周边县市发展成功经验来看，各地要因地制宜，可以采用村两委+协会（企业）+农户、企业经营、企业+农户、股份制等管理模式。要设立扶贫岗位，安排贫困户劳动力从事相关工作，带动贫困户脱贫。

第三节　湘西龙山：原生态文化旅游

龙山县拥有悠久历史沉淀下来的古迹，如里耶战国古城、古井、古简、火岩熔洞、佛教圣地太平山、八面山、洛塔红石林等，这些旅游资源大部分尚未开发。

里耶－乌龙山风景名胜区为国家级风景名胜区，始建于20世纪80年代，原名为皮渡河风景名胜区，1996年经湖南省人民政府批准为全省第五批风景名胜区，2003年更名为里耶－乌龙山风景名胜区。景区范围包括里耶景区、八面山景区、乌龙山大峡谷景区、洛塔景区、洗车河景区等，总面积269.9平方公里，其中核心景区面积160平方公里。景区文化底蕴深厚，资源品位高。

龙山县近年来精准扶贫精准脱贫发展的主要措施有四大项：一是发展特色农业（“一村一品”）；二是开发生态旅游和文化旅游资源；三是推动新型农业产业化、规模化；四是综合发展（见图5-1）。

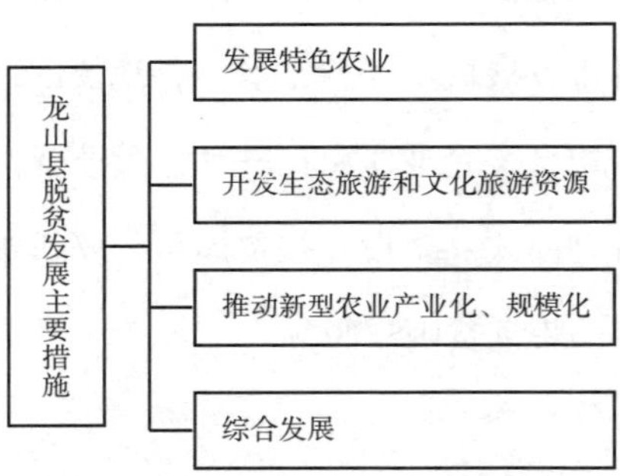

图5-1　龙山县脱贫发展主要措施

一　“一核”：里耶古城历史元素的核心

“一核”主要包括里耶古镇、秦简博物馆。里耶在酉水中游的两侧，分属龙山与保靖两县，酉水之东属龙山。而酉水贯穿湖北、重庆、湖南三省市，是洞庭湖水系中沅江的最大支流，流经之地山高路险，峡谷幽深，历来就是三省市交界处人民通向长江中下游平原的交通要道。

里耶古城。临河而建，紧靠酉水，有夯土城墙、护城河、房屋建筑、里耶遗址、排水设施，多座古井规则地分布在古城内外，它们共同形成一个完整的古代城市系统。从古城出土的建筑材料、陶片、青铜兵器以及生活堆积物来看，此城应是战国时期楚国修筑的军事城堡，用来开疆辟土和抵御秦国的进攻。里耶镇还发现了西汉和东汉的2座古城，而在整个酉水流域，目前共发现了4座古城，共涉及古城遗址、古墓葬79处。1985年，里耶镇出土了一些陶器、兵器、秦简。

距今六千年就有人类居住的里耶，汇聚了神奇的自然风光和传统民族风情。2002年，在里耶城发现了一口巨大的古井，为战国末期所修建。从大井中，发现了3.7万多枚秦简，详细记录了这座古城的历史。里耶一号古井出土了大量的竹、木简牍近3万枚，文字有篆书、隶书。记录有乘法口诀“六八四十八、七八五十六”等。简牍所涉及的内容有人口记载、经济记载等，较为全面地反映了秦国时期楚、巴、秦及少数民族政治、经济、文化发展交流的一些过程，揭开了许多悬而未决的谜底，学术价值高，实属国内外之罕见。

里耶秦简博物馆（见图 5-2）。龙山县里耶秦简博物馆获评国家二级博物馆。2010 年 10 月正式对外开放，开馆八年来，里耶秦简博物馆馆藏文物从原来的 400 件增加到现在的 8055 件（套），客流量从 2010 年的 6 万人 / 年，激增到了现在的 40 万人 / 年。由于交通还不太方便，能供中外游客入住的星级酒店等配套设施亟待建设开发。

图 5-2 里耶秦简博物馆

（秦玉拍摄，2017 年 7 月）

二 “两河”：原生态民族文化的传承

洗车河。洗车河位于龙山县洗车河畔，洗车河镇居住着地地道道的土家族人。依山傍水，风景秀美，独特的吊脚楼在河两岸形成一道美丽的风景线。几个世纪以来，“赶洗车河”成了龙山北半县人民生活中的一件大事。每逢场期，近者十数里，远者上百里，人们翻山越岭，肩负背驮，有所载而来，有所载而去。究其原因，系洗车河独占地利，位于西水支流红岩溪河与猛西小河的交汇处，是龙山封地唯一的一处小码头。在陆上交通十分艰难的山区，河道变成了集镇繁荣昌盛的先决条件。十年过去了，那些独具特色的建筑渐渐被钢筋水泥的楼房所取代。但为了保留所谓的古镇特色，这些钢筋水泥的建筑外墙，都被画成青砖的样式。这就影响了旅游的看点和文化价值，有待龙山县做出传承民族文化的建设规划。

捞车河。位于龙山县苗儿滩镇，是一个风景如画的地方，这里山清水秀，惹巴拉、捞车、梁家寨、耶铺、拉卡车等自然村落都在这条河的周边。幸运的是，这里的村落还保留着木质吊脚楼、转角楼等古老的民居，充满了古朴厚重的土家族原生态文化气息。捞车河古建筑群为湖南省文物保护单位，捞车河村具有深厚的历史文化积淀。现在保存有明代建筑 5 栋，清代建筑 58 栋，民国时期建筑 34 栋以及 287 栋具有特色的窨子屋、四合水屋，转角楼是土家族古建筑和特色民居的代表。这些古民居建筑及装饰特色鲜明，风格明快，工艺精湛，有很高的历史价值、人文科学价值及环境与建筑艺术价值。2011 年 1 月被列入湖南省文物保护单位。捞车河村因古朴厚重的土家原生态文化、俊美的山形水系及生态环境受到了专家、学者的好评，因而有着“原生态民族民间文化遗产博物馆”“土家原生态民居博物馆”“中国民间文化艺术之乡”“中国土家织锦之乡”“省级生态村”“湖南省民族特色村寨”“湖南省文物保护单位”等荣誉称号。图 5–3 为原生态民族文化表演。

图 5–3　原生态民族文化表演

（王桥拍摄，2017 年 7 月）

传承民族文化是发展原生态旅游的要素，龙山县以土家族、苗族文化和生态资源开辟扶贫脱贫之路，打造一个富有特色民族文化的品牌，在创新发展中保护民族非物质文化遗产，重点培养一批民族文化优秀传承人。加强基础设施和旅游商务配套建设，在传承民族文化精神的引导下凝聚各族群众发展动力，形成原生态民族文化，带动经济发展，实现攻坚脱贫与共同富裕。

三 “三山一洞一林”：龙山自然景观生态游

“三山一洞一林”包括乌龙山国家森林公园、佛教文化太平山、流传着东方诺亚方舟神话故事的八面山、洞景奇丽壮观的火岩溶洞群、亿万年地质运动遗留下来的地质遗迹洛塔石林地质公园。龙山县依托大自然资源，发展生态旅游、生态宜居、健康养生等产业，重点打造湘西龙山生态健康旅游产业、八面山健康休闲旅游基地、太平山康养旅游基地，进一步优化风景名胜区，提高旅游服务质量。

乌龙山。乌龙山景区是《乌龙山剿匪记》故事的发祥地。这里原始森林覆盖，林木蓊郁，是天然的氧吧。景区内有 15 公里峡谷陡峭险峻，林深茂密，形成一道绿色长廊。地质遗迹十分丰富，共拥有 8 类岩溶地貌类型，11 种岩溶形态特征，大小溶洞 340 个，石林面积 62 平方公里，是一座天然岩溶地质公园。由洛塔园区和乌龙山园区组成，命名地质遗迹景点 86 处。公园极具观光、科研价值。公园有楠竹、龙湾、八洞仙山、九瀑沟等 4 个景区。景区集溶洞、秀水、奇石、人文于一体，构成一幅千姿百态、气势雄伟、蔚为壮观的美景，是典型的喀斯特生态系统和丰富的立体全景图。

太平山。太平山雄奇险峻，其山顶终年云缠雾绕，仅一条石径小路可攀，路旁铁链护栏。沿途设三道山门，从头门到二门，再上100级石阶，有一佛教寺庙。抬头仰望，门上有一匾，上书佛教经名“首楞严”三字。两边的对联很有雅意：“登临坐览四面云山无俗气，到此静观八方彩色有常真。”该寺鼎盛时期常住僧侣300余人，山上有一塔林，其余皆毁，唯松月塔保存完好。传说寺庙第五代住持宏松禅师云游京城时，曾为光绪皇帝治愈奇险之疾“背花”，受到封赐奖赏，回太平山后修建了藏经楼、观音阁等，使太平山名扬天下。1997年，中国佛教协会主席赵朴初先生亲笔题写“太平山”山名，墨宝生辉，佛光又驻。

八面山。景区位于里耶镇境内，南北长约50公里，宽约10余公里。山体东向湖南，西接重庆酉阳，南点秀山松桃，北顾鄂西来凤，立于顶天堡册“一眼观四省”，四周悬崖峭壁，山貌如覆舟。

火岩溶洞。位于龙山县召市镇火岩乡，近双进村。最高海拔1054米。景区内溶洞密布、阴河纵横。景区以喀斯特地下景观、河谷自然景观与喀斯特地表漏斗景观为主。沿碧竹簇拥的皮渡河两岸布有大小溶洞212个，气势恢宏，深邃莫测，乳石密布，石柱、石笋、石峰、石林、石花千姿百态，栩栩如生。其中以惹迷洞最为著名，深2.5公里，平均高、宽20米。有惹迷洞、龟溪通天门、天坑鼓、皮渡河以及鲇鱼洞、石花洞、飞虎洞、风洞、珠帘洞、盘龙洞、母子洞等200余处景点。火岩溶洞群不仅洞景奇丽壮观，而且洞中还隐藏着种种珍奇动物，如娃娃鱼、盲虾、盲蝌蚪和盲鱼等。

洛塔石林。洛塔石林地质公园总面积142.66平方公里，是一个以土家族、苗族为主体的少数民族聚居的岩溶石山区，距龙山县城46公里，总体规划14个景区。这里地质遗迹十分丰富，境内共拥有8类岩溶地貌类型，大小溶洞340个，溶洼漏斗106个。洛塔石林是我国南方裸露型岩溶地质的典型代表，大自然鬼斧神工的杰作，亿万年地质运动遗留下来的地质遗迹，是我国罕见的岩溶地貌地质奇观。园区内石林从生、溶洞密布、阴河交错、瀑泉飞泻、古生物孑遗，被誉为岩溶地质的“百科全书”。作为一个天然岩溶地质公园，极具观光、探险、休闲价值。这里不仅拥有独特的气候资源，还有秀美的自然景观。

四 “神秘湘西”：生态旅游+文化旅游巩固脱贫成果

近年来，龙山县委、县政府提出了大力发展文化旅游产业的工作思路，谋求精准扶贫精准脱贫与旅游业跨越式发展。按照“资源世界级，建设个性化、品牌化、市场国际化、产业龙头型”的定位，制定“一年奠定基础，两年培育市场，三年全面开放，五年成为全国著名的旅游目的地，十年成为世界旅游胜地，二十年成为世界旅游城市”的奋斗目标，让龙山旅游业跃上一个新台阶。

重点发展里耶古城访古游、洛塔石林生态游、乌龙山大峡谷绿色山水游、洗车河与捞车河流域民族风情游、太平山佛教文化游等六大板块，打造县内三日游、五日游，旅游精品线路已形成。连通猛洞河、吉首德夯、凤凰古城等旅游胜地，充分融入“神秘湘西之旅”大旅游圈。以里耶古代文化建设为抓手，重点发展“土家苗家风情、生态休闲、古秦文化”三位一体的近郊文化旅游产业。

“一核”，以里耶古镇为核心，以战国古镇、秦简和历史文化元素为载体，将精准扶贫精准脱贫与文化旅游有机融合，建设湘西历史文化旅游景区。

“两河”，以洗车河、捞车河为横向轴，沿酉水延伸，以传承民族文化习俗为载体，体验人文科学价值及环境与建筑艺术价值，将原生态民族元素与民族特色村寨有机融合，打造湘西原生态民族风情旅游圈。

“三山一洞一林”，以乌龙山、八面山、太平山、火岩溶洞、洛塔石林为纵向轴，依托“三山”，建设康养旅游基地，发展休闲度假、健康旅游产业，构筑高品质的美丽湘西生态旅游度假区。

龙山县的旅游板块，可以分成“历史文化名城旅游 + 原生态民族文化旅游”和“生态旅游康养度假区”（见图 5-4）的两大板块。龙山是湖南扶贫攻坚的重要区域，积极探索让生态效益转化为经济效益、让生态优势转化为发展优势的绿色发展道路，是湘西龙山精准扶贫的重要途径。目前，湘西各类文化企业近 4000 家，从业人员近 10 万人，是湖南省唯一一个国家级文化生态保护试验区。湘西州委提出，“把湘西打造成集自然山水大花园、民族风情大观园、绿色产品大庄园、休闲旅游大乐园、和谐宜居大家园于一体的国内外知名生态文化公园”，在脱贫攻坚战中建设“美丽湘西”。

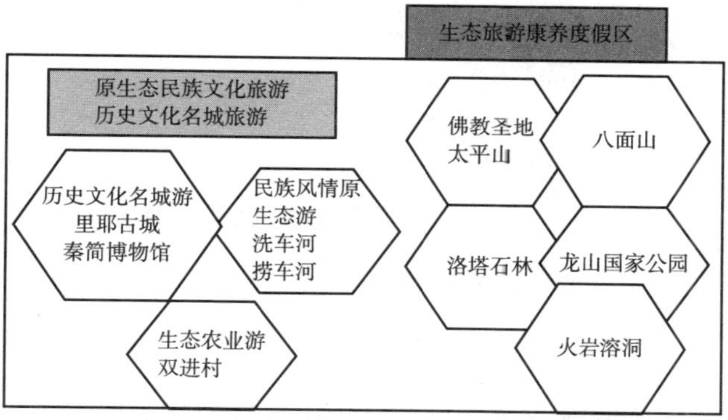

图 5-4 龙山县（召市镇、双进村）发展生态旅游规划

精准扶贫引领湘西、龙山、双进村在“决策围绕生态定、产业围绕生态转、百姓围绕生态富”的脱贫攻坚路上砥砺奋进，目标就是建设一个生态舒适、文化共融、永续发展的活力乡村社区。

世界旅游组织公布，旅游业每增加 1 个直接就业人员，社会就会增加 5~7 个间接就业机会。生态农业旅游具有有效转移农村劳动力的重要功能，是实现劳动力就地转移、促进农村劳动力向非农产业发展的最直接途径，并且对农村弱势群体的扶持脱贫具有良好的效果，具有产业关联性强、早期门槛低、转移农村劳动力数量多的特点。龙山县境内旅游资源相对丰富，有很大的开发空间，进一步开发旅游产业对吸纳农村劳动力有明显的成效。

旅游业是劳动密集型行业，该行业具有市场潜力大、就业容量大、就业门槛低、包容性强、就业岗位层次多等特点。农村劳动力由于整体素质不高、技术技能水平低而缺乏就业竞争力，但在生态农业旅游活动中，由于他们熟悉自己乡村的历史和环境，只要通过一定的职业技能培训便可以承担起相关工作岗位。尤其是建立旅游产业聚集区，使旅游产业发挥区块效应，能够带动和辐射更多的劳动力实现转移。

龙山县境内有着良好的旅游资源。境内有5A级景区，应利用好现有旅游资源，注重拓展、延伸、辐射旅游上下游产业，培育发展了红色圣地游、历史文化名城游等一批旅游新业态，提高对周边区域游客的吸引力。同时，加大对乡村生态农业旅游产业的打造，通过开展农家乐、采摘园等形式，带动形成康养休闲游的旅游聚集地。龙山县聚焦旅游产业聚集区的建设，发展连片景点，发挥规模效应。为沿线景区的农村劳动力带来诸多就业途径，尤其是服务业、餐饮业，有较大的劳动力需求，带来实实在在的经济效益。龙山县旅游业的发展，能够带动贫困人口早日脱贫致富。

连通张家界、重庆等地，延伸出“张家界—乌龙山—重庆”“张家界—乌龙山—长江三峡”全国旅游黄金线路，用超常规的手段，努力实现龙山县由旅游资源大县向旅游经济强县的跨越。

五　对策与建议

（一）促进农业产业化协调发展

农业经营以分散、细小的农户为单位。政府的作用主要体现在引导和组织上，在宏观经济政策上进行引导，在经费上进行适当资助，在产品销售中帮助开展促销宣传，并为实现调控目标创造发展环境。借鉴日本经验，适应土地家庭承包经营和入世后市场经济条件，加强政策引导，通过龙头企业与农户建立利益联结机制，进行农业产业化运作，带动农户实现规模化生产，促进主导优势产业的形成与发展，实现经济结构的优化，这是按照市场经济规律引导结构调整的重要途径。为此，应在财政、税收和信贷等方面进一步加强对农业产业化经营的支持力度，促进农业产业化链条经济协调发展，降低市场风险，减少调整的盲目性，提高对经济规律的适应性。

通过推进农业产业化经营，培育具有国际竞争力的市场主体。入世后过渡期，农业和农村经济发展将面临更加激烈的国际竞争。解决分散农户适应市场、进入市场问题是促进农村经济持续、稳定、快速、健康发展的重点和难点。

（二）建立扶贫项目成果巩固机制

创新"一村一品"、休闲农业旅游、生态农业旅游等扶贫方式。对贫困户开办农家乐，在享受普惠政策的同时，建议纳入村里无房户（危房户改造）计划项目，享受农村危房户改造资金支持。要引导本村成立的合作社组织帮带开发扶贫点，履行优先吸纳贫困户劳动力就业、收购贫困户生产的农副产品等扶贫义务。建立合理利益分配机制等，使扶贫项目真正惠及贫困户。

建立扶贫项目成果巩固机制。制定村规民约，对扶贫项目必须加强管护，建立“谁管护、谁受益”的原则，充分发挥扶贫项目的持久效益。根据致贫原因对贫困户实行精准帮扶，例如生产救助、学业救助、大病救助、房屋改造、低保救助、农业实用技术指导、担保贷款等。在大力贯彻落实就业扶贫和产业扶贫的同时，要积极完善各项帮扶的保障性机制。在彻底解决吃饭、穿衣问题的基础上，做到上学全部帮扶、危房全部改造、就医全部解决、吃水全部达标，落实好“三免一助”“两免一补”等政策，普通高中和中职教育、学前教育建档立卡贫困学生免除“三费”。落实各项补贴政策，建档立卡贫困人口基本医疗保险参保费用由财政支付，住院医疗费起付线降低等医疗优惠政策关系到贫困群众的看病问题，也是事关脱贫人口是否会返贫的重要因素。保障落实落地到位，就要建立巩固脱贫成果的综合机制，切实解决群众难题，让人民群众获得幸福感、安全感。

（三）提高农民素质及技能培训

针对乡村人员素质不高问题，人力资源、教育、文化等部门要开展经营管理、食宿服务、接待礼仪、民俗表演及市场营销等方面的技能培训。加强现场指导，增强从业人员服务意识，提升其服务水平。要鼓励村民兴办农家乐，搞好本土旅游商品的生产和销售。要重点挖掘土家族民俗文化，培养本土人才，组织开展好民俗文化的表演。

邻国日本地域狭小、资源匮乏，但其核心技术居于世界前列，其中一个重要原因是日本注重通过培训提高公民素质。在日本每一个村、町和工厂都有一个高标准培训室、消费者体验室，像神户 KIRIN 啤酒厂等还专门派宣传人员给消费者讲解生产流程和厂房布局，免费品尝啤酒。特别是对儿童的培养，尽心尽力，让他们从小就体验种田、畜牧业和简单的农产品加工。日本的经验表明，建设现代农业，公民素质要达到相应的水平。与引进新品种和先进设备等物的引进相比，引进先进的技术和先进的管理理念更为重要。

提高科技和管理在农业发展中的贡献率，从提高农民素质入手，从源头抓起，采取多种形式，加强对农民的培训和对带头人的培养。职业技能培训是一项关乎农村劳动力转移的重要任务，是我国现阶段快速提升农村劳动力职业技能水平的重要途径，职业技能培训有科学种植、农村劳动力转移相关行业的培训。职业技能培训不仅是促进劳动力转移的有效武器，也是促进贫困劳动力脱贫致富的有效途径。

越来越多的人开始探求新的可持续的旅游模式，保护自然环境的生态旅游在全球范围内迅猛发展。根据世界贸易组织统计，近年来生态旅游一直以每年 20% 的增速发展，是整体旅游业增长速度的 2~3 倍。世界旅游组织数据显示，2018 年生态旅游已经占到了世界旅游总量的 15%，而在 2010 年时这一份额仅为 5%。

生态旅游是文化经济运行的重要支撑。我国生态旅游接待游客 2.4 亿人次，旅游收入 375 亿元，分别占国内旅游人数和旅游收入的24%和7.5%。解决脱贫、后脱贫阶段难题，巩固脱贫攻坚成果，促进新农村建设。从城乡融合的战略高度，深化对生态旅游、休闲农业旅游、文化旅游重要性的认识，文化旅游是新农村建设的重要载体，要推动脱贫、巩固脱贫成果，促进农民增收和农村社会和谐稳定。

附 录

图 1　调研组与双进社区党支部干部合影

（王桥拍摄，2017 年 7 月）

图 2　调研组在双进社区中心调研

（吕学静拍摄，2017 年 7 月）

图 3　双进社区便民中心座谈会

（吕学静拍摄，2017 年 7 月）

图 4　调研组在双进社区中心调研

（王爱华拍摄，2017 年 7 月）

图 5 村民正在认真参与问卷调查

（吕学静拍摄，2017 年 7 月）

图 6 村民答复问卷调查

（王爱华拍摄，2017 年 7 月）

图 7　待改造的旧房屋（院内）

（王爱华拍摄，2017 年 7 月）

图 8　待改造的房屋外观

（王爱华拍摄，2017 年 7 月）

图 9　调研组入户访谈

（秦玉拍摄，2017 年 7 月）

图 10　双进社区便民服务中心

（黄远伟拍摄，2019 年 10 月）

图 11　双进村夏季稻田

（双进村提供，2017 年 6 月）

图 12　双进村扶贫攻坚，“一村一品”硕果累累

（黄远伟拍摄，2019 年 10 月）

图 13　双进村水稻丰收季

（双进村提供，2017 年 12 月）

图 14　双进村入户调研村民房屋

（吕学静拍摄，2017 年 5 月）

图 15　双进村周边的溶洞——惹迷洞

（王爱华拍摄，2017 年 5 月）

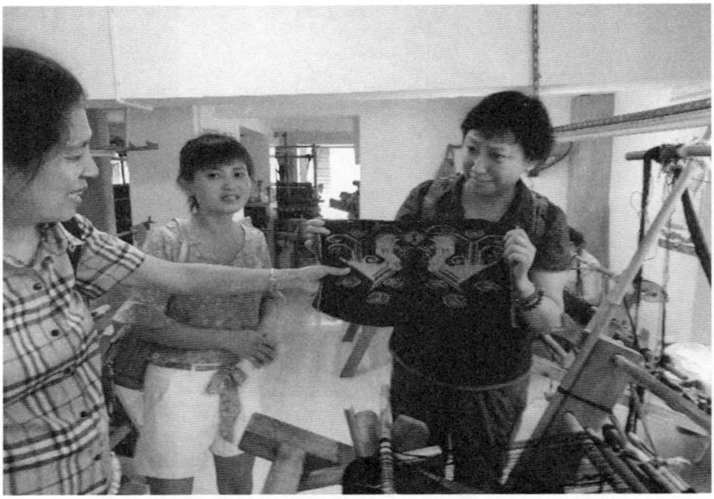

图 16　传统手工艺品——西兰卡普

（秦玉拍摄，2017 年 7 月）

图 17　龙山县领导亲自讲解当地文旅资源

（秦玉拍摄，2017 年 7 月）

参考文献

《2019 国家级贫困县完全名单，哪个省市的国家级贫困县最多？》，忻城家园网，2019 年 4 月 13 日。

〔印度〕阿马蒂亚·森:《贫困与饥荒—论权利与剥夺》，王宇等译，商务印书馆，2004。

〔英〕庇古:《福利经济学》，金镝译，华夏出版社，2007。

蔡荣鑫:《国外贫困理论发展述评》，《经济学家》2000 年第 2 期。

陈辞:《社会资本视角下的反贫困瞄准机制研究》，《理论月刊》2011 年第 9 期。

陈忠言:《中国农村开发式扶贫机制解析—以沪滇合作为例》，《经济问题探索》2015 年第 2 期。

《创精准扶贫新模式　谱脱贫攻坚新篇章》，湖南政协网，2017 年 4 月 14 日。

丁建定:《社会福利思想》，华中科技大学出版社，2005。

葛志军、邢成举:《精准扶贫：内涵、实践困境及其原因阐释—基于宁夏银川两个村庄的调查》，《贵州社会科学》2015 年第 5 期。

国家统计局:《2018 年全国农村贫困人口减少 1386 万人》，

光明网，2019 年 2 月 15 日。

国家统计局农村社会经济调查总队:《中国农村贫困标准研究》,《统计研究》1990 年第 6 期。

国家统计局农村社会经济调查总队:《中国农村贫困监测报告 2001》，中国统计出版社，2001。

姜锡明、张航燕:《西部民族地区反贫困机制存在的问题与对策》,《经济纵横》2007 年第 7 期。

康晓光:《中国贫困与反贫困理论》，广西人民出版社，1995。

李志林、柳德新、奉永成:《精准扶贫：风起十八洞，攻坚在湖南——“牢记嘱托，奋进潇湘”系列述评之三》，湖南省发展与改革委员会网站，2017 年 10 月 11 日。

刘麟:《“精准扶贫”吹绿湘西十万大山—湖南湘西州“牢记殷切嘱托决战脱贫攻坚”纪实》，央广网，2019 年 3 月 29 日。

《龙山阿香农机带着湘西山水精神与富硒粮同行》,《当代商报》2016 年 11 月 24 日。

龙晓华:《2018 年湘西土家族苗族自治州政府工作报告——湘西土家族苗族自治州第十四届人民代表大会第二次会议》，湘西州政府网，2018 年 1 月 3 日。

世界银行:《1990 年世界发展报告》，中国财政经济出版社，1990。

世界银行:《2000/2001 年世界发展报告：与贫困作斗争》，中国财政经济出版社，2001。

〔英〕汤森:《英国的贫困：关于家庭经济来源和生活标准的调查》，阿伦莱恩和培根图书公司，1979。

汪三贵、张雁、杨龙、梁晓敏:《连片特困地区扶贫项目到户问题研究——基于乌蒙山片区三省六县的调研》,《中州学刊》2015年第3期。

王小林:《贫困概念的演进》,《中国国际扶贫中心研究报告》2012年第6期。

吴清华:《当代中外贫困理论研究》,《人口与经济》2004年第1期。

伍琴:《公共投资对集中连片特困地区的扶贫机制研究——以赣南原中央苏区为例》,《江西社会科学》2014年第9期。

徐晓军、胡倩:《反贫困的理论研究》,《中国经济时报》2013年2月22日。

徐永光:《绝对贫困即将终结,但我们依然没有告别贫困》,南都观察"谁是绝对贫困终结后的穷人"2018夏季论坛,2018年7月18日。http://www.sohu.com/a/241947652_481285

杨杰妮、李路路:《砥砺奋进的五年:12个县市区将于今年脱贫》,《潇湘晨报》2017年7月19日。

叶普万:《贫困概念及其研究述评》,《经济学动态》2006年第7期。

易艳玲:《毕节试验区扶贫开发成效研究》,四川大学出版社,2010。

中共中央党校经济学教研部:《中国扶贫开发调查》,中共中央党校出版社,2013。

中国残联等26部门和单位联合印发《贫困残疾人脱贫攻坚行动计划(2016~2020年)》。

朱霞梅:《反贫困的理论与实践研究——基于人的发展视

角》，复旦大学博士学位论文，2010。

朱云、吴春锋、黄斌琼:《精准扶贫方式方法研究》,《老区建设》2014 年第 15 期。

邹慧娟:《农村剩余劳动力转移影响因素分析》，扬州大学硕士学位论文，2011。

左停、贺莉:《制度衔接与整合：农村最低生活保障与扶贫开发两项制度比较研究》,《公共行政评论》2017 年第 3 期。

左停:《中国精准扶贫精准脱贫发展报告》，载郑功成主编《中国社会保障发展报告 2018》，中国劳动社会保障出版社，2018。

Geri Mason, JamesRounmassrt, “Reducing Rural Poverty in Asia: Challenges and Opportunities for Micro-enterprises and Public Employment Schemes,” *Economic Development and Cultural Change*, 2009 (57).

Kevin Mc Kague, Christine Oliver, *Enhanced Market Practices: Poverty Alleviation for Poor Producers inDeveloping Countries*，University of California, Berkeley, 2012, 55（1）.

后　记

本研究是中国社会科学院国情调研特大项目“精准扶贫精准脱贫百村调研”项目的子课题“湘西少数民族地区精准扶贫机制与脱贫对策研究——基于湘西土家族苗族自治州龙山县双进村调查”。

双进村地处湖南省湘西土家族苗族自治州龙山县召市镇中部山区，是全国 12.8 万个建档立卡贫困村之一。课题组在湖南省湘西土家族苗族自治州龙山县人民政府的支持下，在双进村居民委员会班子全体成员、湖南龙山七星野葛有限公司的大力协助下，对国家级贫困村——双进村进行了村级和个人问卷调查。2017 年 7 月，正值烈日炎炎的酷暑，我们走进了龙山县召市镇双进村。在这片湘西革命根据地，感受到了土家族村民的质朴热情，看到了村干部扶贫工作的精准到位，领略到龙山县政府在地方扶贫工作中的领导作用。本课题研究在完成入村入户调研的基础上，听取了龙山县政府负责同志细致介绍的龙山县扶贫历程以及攻坚战略，访问了湘西土家族苗族自治州（吉首）负责扶贫工作的有关领导。

项目调研结合龙山县双进村扶贫工作现状，对双进村村民生活以及经济等状况进行了自下而上的访谈加问卷式调查，课题组成员1名+村干部1名（2对1式），对在户者展开了入户问卷调查，入户80多户，取得60份有效问卷作为研究样本。这些随机样本构成了描述双进村经济社会状况、分析扶贫攻坚战略取得成效的基础数据，在统计学意义上对龙山县的行政村具有一定的代表性。

本调研报告，是在中国社会科学院科研局、中国社会科学院人口与劳动经济研究所的指导下，依据该项目入户进行个人问卷调查和个别访谈、村级干部座谈、村民座谈内容，由课题项目主持人王桥执笔完成。

感谢湖南湘西土家族苗族自治州、龙山县、双进社区居民委员会各级领导的指导和大力支持，在此一并致以衷心感谢。

感谢吕学静教授（首都经济贸易大学博士生导师）、李欣总经理（湖南龙山七星野葛公司）、志愿者王爱华老师、志愿者秦玉老师、湖南龙山七星野葛公司员工等12名人员，对本调查研究的大力支持。

感谢中国社会科学院人口与劳动经济研究所的屈小博老师和连鹏灵老师给予本研究报告的宝贵建议。

王　桥

2020年7月

图书在版编目（CIP）数据

精准扶贫精准脱贫百村调研. 双进村卷：湘西土家族“一村一品”走上富裕之路 / 王桥著. -- 北京：社会科学文献出版社，2020.10

ISBN 978-7-5201-7508-1

Ⅰ. ①精… Ⅱ. ①王… Ⅲ. ①农村－扶贫－调查报告－龙山县 Ⅳ. ①F323.8

中国版本图书馆CIP数据核字（2020）第208995号

·精准扶贫精准脱贫百村调研丛书·

精准扶贫精准脱贫百村调研·双进村卷

——湘西土家族“一村一品”走上富裕之路

著　　者 / 王　桥

出 版 人 / 谢寿光
组稿编辑 / 邓泳红
责任编辑 / 陈晴钰

出　　版 / 社会科学文献出版社·皮书出版分社（010）59367127
地址：北京市北三环中路甲29号院华龙大厦　邮编：100029
网址：www.ssap.com.cn
发　　行 / 市场营销中心（010）59367081　59367083
印　　装 / 三河市尚艺印装有限公司

规　　格 / 开　本：787mm×1092mm　1/16
印　张：13.25　字　数：129千字
版　　次 / 2020年10月第1版　2020年10月第1次印刷
书　　号 / ISBN 978-7-5201-7508-1
定　　价 / 59.00元

本书如有印装质量问题，请与读者服务中心（010-59367028）联系